JN440999

7가지 테마로 구분하여 '질의응답' 방식으로 알기 쉽게 정리

바로 써 먹을 수 있는 조사기법 노하우(문답식, 서면질의 방식 등)

신고에서 처리까지

직장괴롭힘 100문 100답

노무법인 가교
이원희 · 고우리 · 이듀리

중앙경제

신고에서 처리까지

직장괴롭힘
100문 100답

◦ **초판인쇄** 2022년 9월 30일
◦ **초판발행** 2022년 10월 12일

◦ **지 은 이** 이원희 · 고우리 · 이듀리
◦ **펴 낸 이** 김 남 진
◦ **펴 낸 곳** 중앙경제
◦ **디 자 인** 이 지 훈

◦ **주 소** 서울시 중구 다산로11길 19(신당동 355-8)
백석빌딩 신관 4층
◦ **전 화** 02)2231-7293
◦ **팩 스** 02)2235-5344
◦ **홈페이지** www.elabor.co.kr
◦ **출판등록** 80.6.21 제2-66호

◦ **I S B N** 978-89-7017-497-6 (93330)
◦ **정 가** 17,000원

• 이 책은 저작권법에 따라 보호받는 저작물이므로 무단전재와 복제를 금지하며, 이 책 내용의 전부 또는 일부를 이용하려면 반드시 저작권자와 중앙경제의 서면 동의를 받아야 합니다.

• 잘못된 책은 교환하여 드리며, 글쓴이와 협의에 의하여 인지를 생략합니다.

신고에서 처리까지

직장괴롭힘 100문 100답

노무법인 가교
이원희 · 고우리 · 이듀리

중앙경제

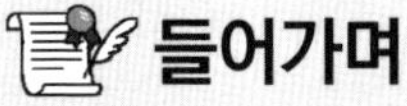

들어가며

2019년 7월 직장 내 괴롭힘 금지법이 시행된지 만 3년이 지나고 있습니다. 그런데 2019년 7월 '직장 내 괴롭힘 금지법'에서는 '직장 내 괴롭힘 신고 시 조사의무' 등 사업주의 조치의무 위반에 대해 '직장 내 성희롱'과는 달리 처벌규정이 없어 실효성이 없다는 비판을 받아왔습니다.

이에 정부는 2021년 10월 '직장 내 괴롭힘 금지법'을 개정하여 사업주에 대한 벌칙을 강화하였습니다. 즉, 사업주가 가해자인 경우 1,000만원 과태료를 부과하고, 괴롭힘 사건 조사 또는 의무조치 미이행 시 500만원의 과태료를 부과하는 내용입니다.

이에 따라 '직장 내 괴롭힘'에 대한 인식도가 높아지면서 2022년도에 들어서 '직장 내 괴롭힘 신고 사건'이 폭주하고 있습니다. 그런데 각 사업장에서는 '직장 내 괴롭힘 신고'가 접수되어도 어떻게 처리해야할지 몰라서 이리저리 우왕좌왕하다가 조직 내 갈등은 점점 더 깊어만 가는 현실이 벌어지고 있습니다.

지금 이 시간에도 많은 직장상사들은 업무적으로 실수를 한 부하직원들에게 '다 너 잘되라고 하는 이야기야', '정말 너한테 실망이야'라는 질책이 어떻게 직장괴롭힘이냐?고 반문합니다.

우리 사회의 가치관, 조직문화도 많이 바뀌었습니다. 현재의 직장 상사들이 처음 사회생활할 때에는 결혼하기 전까지는 대개 '하숙집'에서 공동생활을 하였으며, 결혼 후에는 '옆자리 동료의 집에 숟가락이 몇 개인지도 서로 아는 사이'가 기본이었고, 이사를 하게 되면 다 같이 가서 짐을 날라주었으며, 고마운 마음에 집들이를 하였습니다. 이렇게 돈독해진 관계는 서로의 가족들과 희로애락을 함께하였으며, 직장동료는 단순히 직장에서만의 동료가 아니라 삶을 공유하는 집단문화였습니다. 때론 상사로부터 '자존심을 짓밟는 수준의 비난'을 수없이 듣고서도 생계를 위해 참으며 지냈습니다.

그러나 작금의 시대는 개인적 생활을 존중하고 개인적 영역들을 인정하는 시대입니다. 요즘엔 '하숙집'이라는 개념 자체가 없습니다. 개인생활에 대해 서로 간섭하는 것 자체가 '정신적 고통'을 준다고 느끼기 때문입니다. 어린 자녀의 요구나 희망을 무시한 채 부모의 기준에 따라 모든 것을 판단하고 따르기를 강요하는 것도 '정신적 폭력'입니다. 심지어 상사가 어린 부하직원에게 '자존심을 짓밟는 수준의 비난'을 하고선, '다 너 잘되라고 하는 이야기야', '정말 너한테 실망이야'라는 질책은 정신적 고통을 주는 직장괴롭힘에 해당될 여지가 많습니다.

이러한 시대적 변화에 따라 '직장괴롭힘'의 범위도 점점 넓어져 가고 있습니다. 저희 노무법인 가교에서도 그동안 직장 내 괴롭힘으로 힘들어 하는 피해자, 직장괴롭힘 조사담당자 등으로부터 무수한 상담을 하였으며, 나아가 직장괴롭힘 조사업무를 대행하기도 하였습니다.

그 경험을 바탕으로 '직장 내 괴롭힘 신고', '신고가 접수되었을 때 처리방법 및 절차' 등에 대해 7가지의 테마로 나누어 '질의응답'(100문 100답)식으로 알기 쉽게 정리해보았습니다.

Ⅰ. 직장괴롭힘 신고 및 비밀유지
Ⅱ. 직장괴롭힘 행위 판단기준
Ⅲ. 직장괴롭힘 조사 요령
Ⅳ. 직장괴롭힘 조사보고서 작성 요령
Ⅴ. 직장괴롭힘 행위자에 대한 필요한 조치
Ⅵ. 직장괴롭힘 피해자등 보호 및 불이익금지
Ⅶ. 직장괴롭힘 피해자 정신질병 산재승인 절차

이 책은 직장괴롭힘으로 고민하고 있는 근로자, 직장괴롭힘 가해자로 지목되어 마음이 괴로운 또 다른 피해자, 직장괴롭힘 신고를 받고 어떻게 처리해야할지 고민 중인 조사담당자, 참고인으로 선정된 동료근로자 등 많은 분들에게 도움이 될 것이라고 감히 확신하기에 일독을 권하고 싶습니다.

또한, 행복한 직원이 건강하고 생산적인 조직을 만들고 탁월한 성과를 만들 것입니다. 이 책이 널리 읽혀져 궁극적으로 직장괴롭힘이 없는 행복한 직장만들기에 일조하기를 기대해 봅니다.

마지막으로 이 책이 세상에 빛을 볼 수 있도록 도와주신 중앙경제 편집팀 이지훈 과장님, 김태윤 상무님, 김남진 사장님 등 관계자 여러분들께 진심으로 감사를 드립니다.

2022년 9월

노무법인 가교

공인노무사 **이원희 · 고우리 · 이듀리**

차 례

I. 직장괴롭힘 신고 및 비밀유지

Ⅱ. 직장괴롭힘 행위 판단기준

Ⅲ. 직장괴롭힘 발생 시 조사요령

Ⅳ. 직장괴롭힘 조사보고서 작성요령

Ⅴ. 직장괴롭힘 행위자에 대한 필요한 조치

Ⅵ. 직장괴롭힘 피해근로자등 보호 및 불리한 처우 금지

Ⅶ. 직장괴롭힘 피해자 정신질병 산재승인절차

이 책의 제목 '직장괴롭힘' 용어, 법령 명칭은 아래와 같이 약어로 표기하였습니다.

직장 내 괴롭힘 ⇨ **직장괴롭힘**

관련 법규정

근로기준법 제76조의3(직장 내 괴롭힘 발생 시 조치)

① 누구든지 직장 내 괴롭힘 발생 사실을 알게 된 경우 그 사실을 사용자에게 신고할 수 있다.

③ 사용자는 제2항에 따른 조사 기간 동안 직장 내 괴롭힘과 관련하여 피해를 입은 근로자 또는 피해를 입었다고 주장하는 근로자(이하 "피해근로자등"이라 한다)를 보호하기 위하여 필요한 경우 해당 피해근로자등에 대하여 근무장소의 변경, 유급휴가 명령 등 적절한 조치를 하여야 한다. 이 경우 사용자는 피해근로자등의 의사에 반하는 조치를 하여서는 아니 된다(위반시 처벌 규정 없음).

⑦ 제2항에 따라 직장 내 괴롭힘 발생 사실을 조사한 사람, 조사 내용을 보고받은 사람 및 그 밖에 조사과정에 참여한 사람은 해당 조사 과정에서 알게 된 비밀을 피해근로자등의 의사에 반하여 다른 사람에게 누설하여서는 아니 된다. 다만, 조사와 관련된 내용을 사용자에게 보고하거나 관계 기관의 요청에 따라 필요한 정보를 제공하는 경우는 제외한다(위반 시 500만원이하 과태료).

신고에서 처리까지
직장괴롭힘 100문 100답

I
직장괴롭힘 신고 및 비밀유지

Q&A 1

제3자가 피해자 대신 직장괴롭힘 행위를 신고할 수 있나요?

근로기준법 제76조의3 제1항에서는 "누구든지 직장 내 괴롭힘 발생 사실을 알게 된 경우 그 사실을 사용자에게 신고할 수 있다"고 규정하고 있으므로, 동료근로자 등 제3자도 직장괴롭힘을 신고할 수 있습니다.

Q&A 2

근로자가 익명으로 특정 행위자의 직장괴롭힘 행위를 신고할 수 있나요?

근로기준법 제76조의3 제2항에서는 "사용자는 제1항에 따른 신고를 접수하거나 직장 내 괴롭힘 발생 사실을 인지한 경우에는 지체 없이 그 사실 확인을 위한 조사를 실시하여야 한다"고 규정하고 있는 바, 익명으로 신고하여도 사용자에게 조사의무가 발생합니다.

Q&A 3

퇴사자도 직장괴롭힘 행위를 신고할 수 있나요?

근로기준법 제76조의3 제1항에서는 "누구든지 직장 내 괴롭힘 발생 사실을 알게 된 경우 그 사실을 사용자에게 신고할 수 있다"고 규정하고 있으므로, 퇴사자도 직장괴롭힘 행위자로 지목한 사람이 재직 중이라면 신고할 수 있습니다. 다만 최근에는 퇴사자가 실업급여 수급을 목적으로 퇴사와 동시에 직장괴롭힘 신고하는 사례가 급증하고 있습니다.

근로자의 수급자격이 제한되지 아니하는 정당한 이직 사유
(고용보험법 시행규칙 제101조제2항 관련)

1.~2. 생략
3. 사업장에서 본인의 의사에 반하여 성희롱, 성폭력, 그 밖의 성적인 괴롭힘을 당한 경우
3의2. 「근로기준법」 제76조의2에 따른 직장 내 괴롭힘을 당한 경우
4.~13. 생략

Q&A 4

접수자가 직장괴롭힘 행위에 해당되지 않는다고 판단할 경우, 직장괴롭힘 신고서를 반려할 수 있는지?

근로기준법 제76조의3 제2항에서는 "사용자는 제1항에 따른 신고를 접수하거나 직장 내 괴롭힘 발생 사실을 인지한 경우에는 지체 없이 그 사실 확인을 위한 조사를 실시하여야 한다"고 규정하고 있는 바, 회사에서 일방적으로 조사 신고서를 반려할 경우 근로기준법 제76조의3 제2항에 위반됩니다. 다만, 그 내용이 직장괴롭힘

과는 명백히 무관하게, 비리제보 또는 고충사안에 해당할 경우에는 감사부서 또는 고충처리부서로 이관할 수는 있을 것입니다.

Q & A 5

파견근로자가 사용사업주 소속 근로자의 직장괴롭힘 행위를 파견사업주에게 신고하였고, 파견사업주로부터 이 사실을 사용사업주가 전달받았더라도 사용사업주는 직장괴롭힘 사건 조사에 착수하여야 하는지?

근로기준법 제76조의3 제2항에서는 “사용자는 제1항에 따른 신고를 접수하거나 직장 내 괴롭힘 발생 사실을 인지한 경우에는 지체 없이 그 사실 확인을 위한 조사를 실시하여야 한다”고 규정하고 있으므로, 파견근로자가 사용사업주에게 직장괴롭힘 신고하지 않았더라도 사용사업주는 지체없이 조사에 착수하여야 합니다.

Q & A 6

직장괴롭힘 신고인이 보호조치로서 반드시 특정부서로 보내달라고 요구하고 있는 바, 이러한 요구를 반드시 들어줘야 하는지?

1. 근로기준법 제76조의3 제3항에서는 “사용자는 제2항에 따른 조

사 기간 동안 직장 내 괴롭힘과 관련하여 피해근로자를 보호하기 위하여 필요한 경우 근무장소의 변경, 유급휴가 명령 등 적절한 조치를 하여야 한다. 이 경우 사용자는 피해근로자등의 의사에 반하는 조치를 하여서는 아니 된다"라고 하고 있을 뿐, 반드시 피해자의 요구를 들어줘야한다고 명시하지 않은 바, 특정부서 발령이 불가하다면 유급휴가, 재택근무 등 적절한 조치를 취하면 됩니다.

2. 또한, 근로기준법 제76조의3 제3항의 규정 위반에 대한 처벌규정은 없으므로, 적절한 조치를 취하지 않았다고 해서 법 위반은 아니지만, 가급적 피해근로자와 협의하여 적절한 조치를 취하는 것이 바람직하다고 할 것입니다.

3. 신고자와 피신고자가 동일부서 동일장소에서 근무하고, 분리조치가 불가할 경우,
   - 신고자에게 재택근무가 가능할 경우에는 재택근무를,
   - 재택근무가 불가능할 경우에는, 2주 단위 유급휴가를 부여하고, 조사기간에 따라 휴가기간 연장하는 등 조치를 취하는 것이 일반적입니다.

Q&A 7

직장괴롭힘 신고인을 보호하기 위해 조사기간동안 피신고인에게 대기발령 조치를 하여도 무방한지?

1. 피신고인도 조사기간 동안에는 직장괴롭힘 행위자로 미확정 상태이며, 직장괴롭힘 행위자로 지목되었다는 사실만으로 대기발령 등을 내릴 경우, 이는 부당한 인사조치가 될 가능성이 매우 높습니다. 또한 근로기준법 제76조의3 제3항의 규정은 피해근로자를 보호하기 위한 인사조치만을 의미하며 행위자로 지목된 자에 대한 인사조치 규정은 아닙니다.

2. 다만, 판례(대법 1997.9.26, 97다25590 등)에 따르면, "직위해제는 일반적으로 근로자가 직무수행 능력이 부족하거나 근무성적 또는 근무 태도 등이 불량한 경우, 근로자에 대한 징계절차가 진행 중인 경우, 근로자가 형사사건으로 기소된 경우 등에 있어서 당해 근로자가 장래에 있어서 계속 직무를 담당하게 될 경우 예상되는 업무상의 장애 등을 예방하기 위하여 일시적으로 당해 근로자에게 직위를 부여하지 아니함으로써 직무에 종사하지 못하도록 하는 잠정적인 조치"이므로, 피신고인이 지속적으로 신고인 등에게 위협적인 행동을 함으로써 '계속 직무를 담당하게 될 경우 업무상 장애 등을 예방'하기 위해 조사 절차와 관계없이 일시적 대기발령을 내릴 수 있다고 할 것입니다.

Q & A 8

직장괴롭힘 신고 시, 최초 상담자가 유의해야 할 사항은 무엇인지?

1. 최초 상담단계에서는 피해자의 괴롭힘 피해 상황 등을 파악, 사건의 처리방향을 결정하여야 합니다.
   - 피해자가 비밀보장을 원하며, 공식적인 사건으로의 진전을 원하지 않는 경우 이를 고려한 절차를 진행할 수 있습니다.

2. 상담자는 먼저 상담을 포함한 사건 처리 절차의 모든 과정에서 철저히 비밀이 유지될 것임을 고지하고, 신고인에게도 또한 비밀유지 의무가 있음을 고지하여야 합니다.
   - 상담이 진행되는 장소는 회사 안이든 회사 밖이든 상관없으나, 비밀이 보장될 수 있는 공간이어야 합니다.

3. 피해자가 직접 신고한 경우에는 바로 피해자를 상담하지만, 목격자 등 제3자가 신고한 경우에는 신고자를 먼저 상담한 이후 피해자를 상담하는 것이 바람직합니다.

4. 상담과정에서는 아래의 내용을 확인하여야 합니다.

- 신고인·피해자, 행위자 인적사항 및 당사자 간 관계
- 신고인 또는 피해자 진술에 따른 직장괴롭힘 피해 상황

- 피해자가 문제해결을 위하여 요구하는 내용
- 괴롭힘 해결과정에서 우려되는 상황
- 직접증거 및 정황증거에 관한 정보(목격자, 이메일, 녹음, 메신저 대화내용, 일기, 치료기록 등)

5. 상담자는 피해자의 이야기를 경청하는 것이 가장 중요합니다.
   - 상담자는 사건 조사를 담당하는 것이 아니기 때문에, 괴롭힘 행위에 관한 내용을 피해자가 진술할 때 맥락이 맞지 않거나 육하원칙에 따라 이야기하지 않더라도 피해자 입장에서 진술하도록 배려하는 것이 바람직합니다.
   - 특히 피해자가 받고 있는 고통이나 부정적인 감정에 대하여 충분한 시간을 들여 경청하여야 합니다. 다만, 상담자는 피해자의 감정에 너무 깊이 동화되지 않도록 주의해야 할 것입니다.

6. 괴롭힘 행위로 인한 피해자의 피해 정도는 충분히 시간을 들여 파악하여야 함
   - 정식조사 절차로 진행될 경우 행위자에 대한 조치를 결정하는 데 피해 정도가 중요한 참고자료가 될 수 있기 때문에, 피해가 심각하여 심리상담, 의료지원, 법적지원 등을 고려해야 하는지 파악할 필요성도 있습니다.

7. 상담 후 피해자의 요청사항을 정확하게 파악하고, 이에 따라 다음 절차로 넘어가도록 함으로써 상담을 종결합니다.

Q&A 9

상담결과 직장괴롭힘 행위가 있었다고 판단되었으나, 피해자가 괴롭힘 행위의 공개 또는 행위자에 대한 조치를 원하지 않고 배치전환 등을 통한 행위자와의 분리만을 요청하는 경우에 사용자는 어떻게 하여야 하는지?

1. 피해자가 괴롭힘 행위의 공개 또는 행위자에 대한 조치를 원하지 않고 배치전환 등을 통한 행위자와의 분리만을 요청하는 경우
   - 상담자는 괴롭힘 상담 결과 직장 내 괴롭힘 행위가 있었다고 판단되는 경우 이를 사업주에게 보고하여 피해자의 요청사항을 수용하도록 하는 것이 바람직 할 것입니다.
   - 이 경우 피해자에 대한 괴롭힘 행위는 중단될 수 있으나, 행위자가 또 다른 직원에게 직장 내 괴롭힘 행위를 할 수 있으므로, 일정기간 행위자가 문제되는 행동을 하는지 관찰할 필요가 있습니다.
   - 상담자가 사업주에게 보고할 때에는 구체적인 내용을 담은 상담일지를 제출하는 것보다는 별도 괴롭힘 상담 보고서에 핵심적인 내용만 기술하여 배치전환 조치의 필요성을 판단할 수 있도록 하는 것이 바람직합니다.

2. 상담 보고서에는 다음과 같은 내용이 기술되어야 할 것입니다.

- 피해자가 진술한 직장 내 괴롭힘 행위
- 행위를 입증할 수 있는 근거
- 피해 정도
- 피해자의 요청 사항

Q&A 10

직장괴롭힘 신고 이후, 비밀유지의무 대상자는 누구인지?

1. 근로기준법 제76조의3 제2항에 따라,

① 직장 내 괴롭힘 발생 사실을 조사한 사람, ② 조사 내용을 보고받은 사람, ③ 그 밖에 조사과정에 참여한 사람(조사자, 신고인, 피신고인, 참고인 등)은 해당 조사 과정에서 알게 된 비밀을 피해근로자등의 의사에 반하여 다른 사람에게 누설하여서는 않됩니다. 따라서 비밀유지의무 대상자 전원에게 반드시 비밀유지서약서를 작성하도록 하는 것이 바람직합니다.

2. 대구지법 포항지원 [2021.12.23, 2020가단110333]

피고 ○○성희롱 사건 조사자는 원고로부터 직장 내 성폭력 발생 사실을 알게 되었으므로, 남녀고용평등법 등에 따라 지제 없이 사실 확인을 위한 조사를 하고, 그와 같은 사실을 누설해서는 아니 될 뿐만 아니라 피해자에 대한 보호조치의무, 가해자에 대한 조치의무를 이행해야 할 의무가 있음에도 사실 확인을 위한 조사절차나 피해자 보호조치를 하지 않은 채 오히려 피해자인 원고에게 가해자에 대한 고소취소를 계속적으로 권유하고, 원고가 작성한 피해보고서를 가해자에게 전달하는 등 원고에게 2차 피해를 가하는 위법행위를 하였음이 인정된다. 따라서 피고 ○○성희롱 조사자는 위 행위로 인하여 원고가 입은 정신적 손해를 배상할 의무가 있다(판결 원문 인용).

Q&A 11

직장괴롭힘 신고 이후, 신고자가 자신의 피해사실을 다른 사람에게 알리는 것도 비밀유지의무에 위반되는 것 아닌지?

직장괴롭힘 신고 이후, 비밀유지의무 중 '비밀'은 조사과정에서 새롭게 알게 된 내용 또는 정보를 말합니다. 따라서 피해자가 자신의 피해사실을 다른 사람에게 알리는 것은 무방합니다.

Q&A 12

직장괴롭힘 조사자가 신고내용을 누설할 경우, 비밀유지의무 위반을 묵인한 회사도 책임져야 하는지?

[대법 2017.12.22, 2016다202947]

1. 조사참여자의 비밀누설금지 취지

개인의 인격권, 사생활의 비밀과 자유를 보장하는 위 헌법 규정, 직장 내 성희롱의 예방과 피해근로자등을 보호하고자 하는 남녀고용평등법의 입법취지와 직장 내 성희롱의 특성 등에 비추어, 직장 내 성희롱 사건에 대한 조사가 진행되는 경우 조사참여자는 특별한 사정이 없는 한 비밀을 엄격하게 지키고 공정성을 잃지 않아야 한다. 조사참여자가 직장 내 성희롱 사건을 조사하면서 알게 된 비밀을 누설하거나 가해자와 피해자의 사회적 가치나 평가를 침해할 수 있는 언동을 공공연하게 하는 것은 위법하다고 보아야 한다. 위와 같은 언동으로 말미암아 피해근로자등에게 추가적인 2차 피해가 발생할 수 있고, 이는 결국 피해근로자등으로 하여금 직장 내 성희롱을 신고하는 것조차 단념하도록 할 수 있기 때문에, 사용자는 조사참여자에게 위와 같은 의무를 준수하도록 하여야 한다(판결 원문 인용).

2. 조사참여자의 비밀누설 시, 사용자책임 부담 근거

민법 제756조에 규정된 사용자책임의 요건인 '사무집행에 관하여'라 함은 피용자의 불법행위가 외형상 객관적으로 사용자의 사업활동, 사무집행행위 또는 그와 관련된 것이라고 보일 때에는 행위자의 주관적 사정을 고려하지 않고 사무집행에 관하여한 행위로 본다는 것이다. 피용자가 고의로 다른 사람에게 성희롱 등 가해행위를 한 경우 그 행위가 피용자의 사무집행 그 자체는 아니더라도 사용자의 사업과 시간적·장소적으로 근접하고 피용자의 사무의 전부 또는 일부를 수행하는 과정에서 이루어지거나 가해행위의 동기가 업무처리와 관련된 것이라면 외형적·객관적으로 사용자의 사무집행행위와 관련된 것이라고 보아 사용자책임이 성립한다. 이때 사용자가 위험발생을 방지하기 위한 조치를 취하였는지 여부도 손해의 공평한 부담을 위하여 부가적으로 고려할 수 있다(대법 2009.10.15, 2009다44457 판결 등 참조).

3. 조사참여자의 비밀누설은 사무집행에 관한 불법행위에 해당

소외 3은 이 사건을 조사하던 초기에 피해자인 원고의 사회적 가치나 평가를 침해할 수 있는 내용의 발언을 하였다. 이는 그 발언 내용이 단순한 의견 표명인지 간접적이고도 우회적인 방법에 의한 사실의 적시인지 여부와 상관없이 직장 내 성희롱 사건의 조사수행자가 지켜야 하는 의무를 저버린 위법한 행위이다. 따라서 피고는 민법 제756조에 따라 소외 3의 사용자로서 소외 3의 위 사무집행에 관한 불법행위로 인하여 원고가 입은 정신적 손해를 배상할 책임이 있다(대법 2017.12.22, 2016다202947 판결 원문 인용).

신고에서 처리까지
직장괴롭힘 100문 100답

관련 법규정

근로기준법 제76조의2(직장 내 괴롭힘의 금지)

사용자 또는 근로자는, 직장에서의 지위 또는 관계 등의 우위를 이용하여, 업무상 적정범위를 넘어, 다른 근로자에게 신체적 · 정신적 고통을 주거나 근무환경을 악화시키는 행위(이하 "직장 내 괴롭힘"이라 한다)를 하여서는 아니 된다.

Ⅱ

직장괴롭힘 행위 판단기준

Q & A 13

직장괴롭힘 행위는 '근로기준법 상 직장괴롭힘 행위요건 3가지'를 모두 충족하여야 성립하는지?

근로기준법 제76조의2 규정에는 직장괴롭힘 행위요건 3가지를 열거하고 있는 바, 직장괴롭힘이란, ① 사용자 또는 근로자가 직장에서의 지위 또는 관계 등의 우위를 이용하여 ② 업무상 적정범위를 넘어, ③ 다른 근로자에게 신체적・정신적 고통을 주거나 근무환경을 악화시키는 행위"를 말하며, 이들 행위요건 3가지를 모두 충족하여야 직장괴롭힘 행위가 성립됩니다.

Q & A 14

직장괴롭힘과 직장성희롱 과의 관계는?

1. '직장 내 성희롱'과 '직장 내 괴롭힘' 비교

구분	직장 내 성희롱	직장 내 괴롭힘
법적 근거	남녀고용평등법 제2조 제2호	근로기준법 제76조의2
행위자	사업주・상급자 또는 근로자	사용자 또는 근로자
관계 우위성 유・무	직장 내의 지위를 이용하거나 업무와 관련하여(관계우위성 ×)	직장에서의 지위 또는 관계 등의 우위를 이용하여 업무상 적정범위를 넘어

구분	직장 내 성희롱	직장 내 괴롭힘
정서적 고통 유·무	성적 언동으로 성적 굴욕감 또는 혐오감을 느끼게 하거나, 성적 언동 또는 그 밖의 요구 등에 따르지 아니하였다는 이유로 근로조건 및 고용에서 불이익을 주는 것	다른 근로자에게 신체적·정신적 고통을 주거나 근무환경을 악화시키는 행위
사용자의 조치의무	피해자 보호, 가해자 징계 등 조치의무	좌동
조치의무 위반에 대한 처벌	과태료 또는 형벌	좌동
노동위원회 구제절차 유·무	노동위원회 구제절차 있음	노동위원회 구제절차 없음

2. 양 개념의 관계

① 개별법에 각각 직장 내 괴롭힘(근로기준법)과 직장 내 성희롱(남녀고용평등법)을 규정하고는 있으나, 그 행위 요건이 유사한 만큼,

- 남녀고용평등법상 직장 내 성희롱은 문제된 성적 언동이 '포괄적인 업무관련성'이 있는 상태에서 발생하였으면 인정될 수 있다는 점, 노동위원회 구제절차를 밟을 수 있다는 점 등을 감안하여 볼 때, 성적 언동이 문제된 사안이라면 남녀고용

평등법이 우선 적용된다고 할 것입니다.

관련 판례

대법 2006.12.21, 2005두13414

'성희롱'을 정의한 구 남녀차별금지 및 구제에 관한 법률 제2조제2호에서의 '지위를 이용하거나 업무 등과 관련하여'라는 요건은 포괄적인 업무관련성을 나타낸 것으로서 업무수행의 기회나 업무수행에 편승하여 성적 언동이 이루어진 경우 뿐 아니라 권한을 남용하거나 업무수행을 빙자하여 성적 언동을 한 경우도 이에 포함되고, 어떠한 성적 언동이 업무관련성이 인정되는지 여부는 쌍방 당사자의 관계, 행위가 행해진 장소 및 상황, 행위의 내용 및 정도 등을 구체적 사정을 참작하여 판단하여야 한다.

* 직장괴롭힘에서도 "포괄적 업무관련성"은 동일하게 적용

② 한편, 직장 내 성희롱은 '성적인(sexual)' 의미가 내포되어 있는 언동을 수반하여야 하므로,

- 여성비하 행동, 고정관념적 성역할 강요 등 이른바 '젠더(gender)'괴롭힘은 남녀고용평등법상 직장 내 성희롱에는 해당된다고 보기 어려울 수 있으나, 경우에 따라서는 근로기준법상 직장 내 괴롭힘에는 해당될 수 있습니다.

③ 결론적으로, 직장 내 성희롱과 직장 내 괴롭힘 모두 근로자의 인격권 침해 측면에서 유사하므로, 직장 내 괴롭힘 판단 시 직장 내 성희롱에 관한 판례 입장 등을 적극적으로 참고할 수 있을 것입니다.

3. 사업장 내 해결절차의 통합적 운영 가능

문제되는 행위 발생 시 사업장 내에서 해결·처리하는 절차가 양 법률에서 유사하게 규정되어 있는 점을 고려할 때, 사업장 상황에 따라 사건 발생 시 처리절차를 통합적으로 운영하는 것이 바람직할 것입니다.

Q&A 15

직장괴롭힘 행위자 중 '사용자'는?

근로기준법 제2조 제1항 제2호에 따른 사용자란, 사업주 또는 사업경영담당자, 그 밖에 근로자에 관한 사항에 대하여 사업주를 위하여 행위하는 자를 말하는 바,

- '사업경영담당자'는 사업주가 아니면서 사업경영 일반에 관하여 책임을 지는 자로서, 사업주로부터 사업 경영의 전부 또는 일부에 대하여 포괄적인 위임을 받고 대외적으로 사업을 대표하거나 대리하는 자를 말합니다(예 : 대표이사, 등기이사, 지배인 등).
- '근로자에 관한 사항에 대하여 사업주를 위하여 행위하는 자'는 사업주 또는 사업경영담당자로부터 권한을 위임받아, 자신의 책임 아래 근로자 채용, 해고 등 인사처분을 할 수 있고, 직무상 근로자의 업무를 지휘·감독하며 근로조건에 관한 사

항을 결정하고 집행할 수 있는 자를 말합니다(예 : 인사노무 담당이사, 공장장 등). 형식적인 직위나 직급에 따라 판단하는 것이 아니라 구체적인 직무내용에 의해 판단하여야 합니다.

Q & A 16

파견법 상 사용사업주 소속 근로자도 파견근로자에 대한 직장괴롭힘 행위자로 인정될수 있는지?

1. 「파견근로자보호 등에 관한 법률」 제34조제1항 본문에 따라 파견 중인 근로자에 대하여 파견사업주 및 사용사업주를 「근로기준법」에 따른 사용자로 볼 수 있으므로, 사용사업주도 파견근로자에 대하여 직장 내 괴롭힘 행위자로 인정됩니다.

관련 법 규정

파견법 제34조 제1항(근로기준법 적용에 관한 특례)

① 파견중인 근로자의 파견근로에 관하여는 파견사업주 및 사용사업주를 「근로기준법」 제2조의 규정에 의한 사용자로 보아 동법을 적용한다. 다만, 같은 법 제15조부터 제36조까지, 제39조, 제41조부터 제48조까지, 제56조, 제60조, 제64조, 제66조부터 제68조까지 및 제78조부터 제92조까지의 규정의 적용에 있어서는 파견사업주를, 같은 법 제50조부터 제55조까지, 제58조, 제59조, 제62조, 제63조 및 제69조부터 제75조까지의 규정의 적용에 있어서는 사용사업주를 사용자로 본다.

2. 직장괴롭힘 행위자는 피해자와 같은 사용자와 근로관계를 맺고 있는 근로자일 것이 원칙이나, 파견법 제34조제1항 본문에 따라 파견사업주 및 사용사업주가 「근로기준법」에 따른 사용자로 보고 있으며, 사용사업주에게 파견근로자에 대한 보호의무를 인정하는 것이 판례의 입장이므로

- 사용사업주 소속 근로자와 파견 근로자 사이에서 발생한 직장 내 괴롭힘 사안에 대하여 사용사업주도 사용자로서 근로기준법에 따른 조치의무 등을 부담하여야 합니다.
- 따라서, 실질적으로 사용사업장에서 근로를 제공하던 중 발생한 사안인 만큼 사용사업장에서의 예방・대응 체계에 따라 처리하여야 합니다.

관련 판례

대법 2013.11.28, 2011다60247

근로자파견에서의 근로 및 지휘 · 명령 관계의 성격과 내용 등을 종합하면, 파견사업주가 고용한 근로자를 자신의 작업장에 파견받아 지휘 · 명령하며 자신을 위한 계속적 근로에 종사하게 하는 사용사업주는 파견근로와 관련하여 그 자신도 직접 파견근로자를 위한 보호의무 또는 안전배려의무를 부담함을 용인하고, 파견사업주는 이를 전제로 사용사업주와 근로자파견계약을 체결하며, 파견근로자 역시 사용사업주가 위와 같은 보호의무 또는 안전배려의무를 부담함을 전제로 사용사업주에게 근로를 제공한다고 봄이 타당하다. 그러므로 근로자파견관계에서 사용사업주와 파견근로자 사이에는 특별한 사정이 없는 한 파견근로와 관련하여 사용사업주가 파견근로자에 대한 보호의무 또는

안전배려의무를 부담한다는 점에 관한 묵시적인 의사의 합치가 있다고 할 것이고, 따라서 사용사업주의 보호의무 또는 안전배려의무 위반으로 손해를 입은 파견근로자는 사용사업주와 직접 고용 또는 근로계약을 체결하지 아니한 경우에도 위와 같은 묵시적 약정에 근거하여 사용사업주에 대하여 보호의무 또는 안전배려의무 위반을 원인으로 하는 손해배상을 청구할 수 있다.

Q & A 17

원 · 하청 근로자 간에도 직장 내 괴롭힘 행위자로 인정될 수 있는지?

1. 원 · 하청 근로자 간에는 근무장소가 동일하다고 하더라도 동일한 "직장 내"가 아니라 "직장 간" 괴롭힘이므로, 원청 소속 근로자는 하청 소속 근로자에 대하여 '근로기준법 상의 직장 내 괴롭힘 행위자'로는 인정되기 어렵습니다.

2. 그러나, 산업안전보건법 제63조(도급인의 안전조치 및 보건조치)에서 "도급인은 관계수급인 근로자가 도급인의 사업장에서 작업을 하는 경우에 자신의 근로자와 관계수급인 근로자의 (직장괴롭힘으로 인한) 산업재해를 예방하기 위하여 안전 및 보건 시설의 설치 등 필요한 안전조치 및 보건조치를 하여야 한다"라고 규정하고 있다는 점과,

- 사업장에서의 직장 내 괴롭힘 근절 목적 등을 고려하면 원청 사업주는 '취업규칙'에 직장 내 괴롭힘에 관하여 규정할 때, 소속 근로자가 하청근로자, 특수형태종사자 등 누구를 상대로 행위하였는지를 불문하고 적용되도록 하는 것이 바람직합니다.

Q&A 18

직장괴롭힘 행위는 반드시 사업장 내에서 이루어져야 성립하는지?

1. 직장 내 괴롭힘 행위 요건을 충족한다면 발생하는 장소는 반드시 사업장 內일 필요가 없습니다.
   - 외근·출장지 등 업무 수행 과정 등의 장소, 회식이나 기업 행사 등의 장소 뿐 아니라 사적 공간에서 발생한 경우라도 직장 내 괴롭힘으로 인정 가능하며,
   - 사내 메신저·SNS 등 온라인 상에서 발생한 경우도 직장 내 괴롭힘에 해당될 수 있습니다.

2. 다만, 익명성이 보장되는 게시판·SNS 등에 특정 인물에 대한 폭언을 하는 등의 행위는 행위자 특정도 어렵고 '우위성'을 이용한 행위라고 보기도 어려운 측면이 있어 법상 직장 내 괴롭힘에 해당된다고 보기는 어려울 수 있을 것입니다.

Q&A 19

직장괴롭힘 행위요건 중 '직장에서의 지위의 우위 이용'이란 무엇인지?

1. 지위의 우위성이란, 피해 근로자가 저항 또는 거절하기 어려울 개연성이 높은 상태가 인정되어야 하며, 행위자가 이러한 상태를 이용하는 것을 말합니다.

2. 지위의 우위란, 기본적으로 지휘명령 관계에서 상위에 있는 경우를 말하나, 직접적인 지휘명령 관계에 놓여있지 않더라도 회사 내 직위·직급 체계상 상위에 있음을 이용한다면 지위의 우위성 인정이 가능합니다.

관련 판례

대법 2008.7.10, 2007두22498

직장 내 성희롱을 방지하여야 할 지위에 있는 사업주나 사업주를 대신할 지위에 있는 자가 오히려 자신의 우월한 지위를 이용하여 성희롱을 하였다면 그 피해자로서는 성희롱을 거부하거나 외부에 알릴 경우 자신에게 가해질 명시적·묵시적 고용상의 불이익을 두려워하여 성희롱을 감내할 가능성이 크다는 점을 감안할 때 이들의 성희롱은 더욱 엄격하게 취급되어야 한다.

Q & A 20

직장괴롭힘 행위요건 중 '직장에서의 관계의 우위 이용'이란 무엇인지?

1. '관계의 우위'란, 사실상 우위를 점하고 있다고 판단되는 모든 관계가 포함될 수 있는데,
   - 주로 개인對집단과 같은 수적 측면, 연령·학벌·성별·출신지역·인종 등 인적 속성, 근속연수·전문지식 등 업무역량, 노조·직장협의회 등 근로자 조직 구성원 여부, 감사·인사부서 등 업무의 직장 내 영향력, 정규직 여부 등의 요소 등이 문제될 수 있습니다.
   - 행위자가 피해자와의 관계에서 우위성이 있는지는 특정 요소에 대한 사업장 내 통상적인 사회적 평가를 토대로 판단하되,
   - 관계의 우위성은 상대적일 수 있기 때문에 행위자-피해자 간에 이를 달리 평가해야 할 특별한 사정이 있는지도 함께 확인할 필요가 있습니다.

2. 또한, 지위, 관계 중 여러 요소가 복합적으로 우위성을 형성할 수도 있으며 명확히 구분되지 않을 수도 있습니다.

3. 그러나, 직장에서의 지위나 관계 등의 우위를 이용하여 행위한 것이 아니라면 직장 내 괴롭힘에 해당하지 않을 수도 있습니다.

Q & A 21

‘하급자’가 ‘상급자’에 대하여 관계의 우위를 이용하여 직장괴롭힘 행위를 한 경우에도, 직장괴롭힘 행위자에 해당되는지?

[춘천지법 2015.11.20, 2015구합4646]

1. 사실관계

육군주임원사 A가 같은 부대 여군 대위 B에게 ‘손을 잡자’고 하였고, ‘결혼할 남자친구가 있다고치면 이왕이면 비싼 모텔이 좋지 않나요’라고 발언한 사실이 확인된다.

2. 판결

남성 A는 군대라는 직장에서 하급자이나 중대장인 여성 A보다 연령이 20세 연상이고 주임원사와 중대장이 악수하는 것이 무슨 문제냐며 불필요한 신체접촉을 하였고, 공개적인 자리에서 남자친구 운운하면서 모텔 이야기를 한 것은 남녀간의 성행위가 연상되는 발언이므로 객관적으로 상대방과 같은 처지에 있는 일반적이고도 평균인 사람에게 성적 굴욕감이나 혐오감을 느끼게 할 수 있는 행위에 해당한다(춘천지법 2015.11.20, 2015구합4646 판결 원문 인용).

3. 참고사항

실무상으로 피해자에 비해 하급자이더라도 피해자의 상급자와 합세하여 사내메신저 등 SNS 상 피해자에게 욕설하는 행위는 직장괴롭힘에 해당된다고 할 것입니다.

Q & A 22

직장괴롭힘 행위요건 중 '업무상 적정범위를 넘는 행위'란 무엇인지?

1. '업무 상'

① 사용자가 모든 직장 내 인간관계의 갈등상황에 대하여 근로기준법에 따른 조치를 취해야 하는 것은 아니므로,

- 행위자가 피해자에 비하여 우위성이 인정되더라도 문제된 행위가 업무관련성이 있는 상황에서 발생할 것이 필요합니다.
- 다만, 여기서의 업무관련성은 '포괄적인 업무관련성'을 의미한다고 보아야 할 것이므로, 직접적인 업무수행 중에서 발생한 경우가 아니더라도 업무수행에 편승하여 이루어졌거나 업무수행을 빙자하여 발생한 경우 업무관련성 인정이 가능합니다.

② 따라서, 개인적 용무 중에 발생한 갈등상황은 그것이 직장 내 구성원 간에 벌어진 일이라 하더라도 업무수행에 편승하여 이루어졌거나 업무수행을 빙자하여 이루어졌다는 특별한 사정이 없는 한 사용자에 법상 조치의무를 부담하는 직장 내 괴롭힘에 해당한다고 보기는 어렵습니다.

2. '업무상 적정범위를 넘는 행위'

① 문제된 행위가 업무상 적정범위를 넘는 행위로 인정되기 위해서는

- 그 행위가 사회 통념에 비추어 볼 때 업무상 필요성이 인정되지 않거나,
- 업무상 필요성은 인정되더라도 그 행위 양태가 사회 통념에 비추어 볼 때 상당하지 않다고 인정되어야 합니다.

② 따라서 업무상 지시, 주의·명령에 불만을 느끼는 경우라도 그 행위가 사회 통념상 업무상 필요성이 있다고 인정될 경우에는 직장 내 괴롭힘으로 인정하기는 곤란합니다.

- 그러나 그 지시나 주의·명령 행위의 양태가 폭행이나 과도한 폭언 등을 수반하는 등 사회 통념상 상당성을 결여하였다면 업무상 적정범위를 넘었다고 볼 수 있으므로 직장 내 괴롭힘에 해당될 수 있습니다.
- 또한 문제된 행위 자체는 업무상 필요성이 인정되더라도 사업장 내 동종유사업무를 수행하는 근로자에 비하여 합리적 이유 없이 대상 근로자에게만 이루어진 것이라면 사회 통념적으로 상당하지 않은 행위라고 볼 수 있습니다(예 : 특정인에게만 일일 업무일지 작성 지시 등).

<상황별 행위 예시>

① 신체에 유형력을 행사하는 폭행행위나 협박하는 행위는 사실관계만 인정되면 업무상 적정범위를 넘어선 행위로 인정 가능

② 폭언, 욕설, 험담 등 언어적 행위는 공개된 장소에서 이루어지는 등 제3자에게 전파되어 피해자의 명예를 훼손할 정도라 판단되면

업무상 적정 범위를 넘어선 행위로 인정 가능하며, 그렇지 않더라도 지속·반복적인 폭언·욕설은 피해자의 인격권을 심각하게 해치며 정신적 고통을 유발할 수 있으므로 업무상 적정 범위를 넘어선 행위로 인정 가능

<업무상 적정범위를 넘은 모욕적 발언 사례>

◦ "너는 남들이 걸을 때 뛰어야 하고, 남들 계단 하나씩 오를 때 세 개씩 올라야 되고, 남들 뛸 때 너는 ○빠지게 뛰어야 돼, 알아?"
◦ "요즘 너네 90년생들 이해할 수 없어. 뭐 얼어빠질 워라밸 그 딴 썩어빠진 생각, 정말 그건 썩은 마인드 아냐?"
◦ "너는 받는 만큼 일할 것이라는 마인드로 일하는데, 반대로 회사는 너 월급의 5배는 뽑아먹어야 돼. 그래야 회사가 굴러가지. 알아?"
◦ "너 일 제대로 진지하게 안할 거면 그냥 나가라. 그럼 돼. 이 회사 너 아니라도 오고 싶어 하는 놈들 무지 많거든?"
◦ "너 옷 제대로 입어라 좀. 너 월급이 얼마지? 바지도 좀 사고. 구두는 한 켤레 밖에 없냐?"
◦ "너 그까짓 되지도 않는 그 따위 영어실력 가지고 어디에 써먹겠냐? 영어공부 안하고 맨날 술이나 처먹고 다니고 그래서야 회사생활 계속할 수 있겠어?"
◦ "지금 상사로서가 아니라 인생선배로서 이야기 하는데 너 그 따위로 일하면 너 인생이 불쌍하다. 너 어머니가 너 같은 놈 낳아놓고 좋다고 미역국 드셨겠지?"

③ 반복적으로 개인적인 심부름을 시키는 등 인간관계에서 용인될

수 있는 부탁의 수준을 넘어 행해지는 사적 용무 지시는 업무상 필요성이 없는 행위이므로 업무상 적정 범위를 넘어선 행위로 인정 가능

④ 집단 따돌림, 업무수행과정에서의 의도적 무시・배제 등의 행위는 사회통념상 상당하지 않은 행위로서 업무상 적정 범위를 넘어선 행위로 인정 가능

⑤ 근로계약 체결 시 명시했던 업무와 무관한 일을 근로자의 의사에 반하여 지시하는 행위가 상당기간 반복되고 그 지시에 정당한 이유가 인정되지 않는다면 업무상 필요성이 없는 행위로서 업무상 적정 범위를 넘어선 행위로 인정 가능

⑥ 업무를 과도하게 부여하는 행위는 그렇게 하도록 지시하지 않으면 안 되는 업무상 불가피한 사정이 없음에도 불구하고 해당 업무에 대하여 물리적으로 필요한 최소한의 시간마저도 허락하지 않는 등 상당성이 없다고 인정되면 업무상 적정 범위를 넘어선 행위로 인정 가능

⑦ 업무에 필요한 주요 비품(컴퓨터, 전화 등)을 제공하지 않거나, 인터넷・사내 인트라넷 접속을 차단하는 등 원활한 업무수행을 방해하는 행위는 사회통념상 상당성이 없는 행위로서 업무상 적정 범위를 넘어선 행위로 인정 가능
- 그러나 모든 근로자에게 비품 제공을 하지 못하고 있는 사정이 있거나 일시적인 경영 악화 등으로 인하여 발생한 상황이라면 업무상 적정 범위를 넘어선 행위로 보기 어려움

Q&A 23

거듭된 '경위서 수정작성 요구'가 '업무상 적정 범위 초과 행위'에 해당되는지?

[서울중앙지법 2022.4.14, 2021고정2353]

1. 사용자 주장

직장괴롭힘 신고 근로자가 회사의 운영규정에 위반한 사무처리를 하여 시설장인 피고인이 경위서 제출을 요구하였으나 이를 거부하거나 사실과 다른 내용과 변명을 담은 경위서를 제출하여 사실과 다른 내용을 수정한 경위서를 제출하도록 수차례 지시한 것은 '직장 내 괴롭힘'에 해당되지 아니하다.

2. 판결

피고인의 경위서 작성 요구에 대하여 직장괴롭힘 신고 근로자는 수회에 걸쳐 '관행으로 인식하여 외부공문을 결재없이 처리 후 사후 결재를 받았으며, 앞으로는 유사한 일이 발생하지 않도록 각별히 유념하겠다'는 내용의 경위서 및 보고서를 피고인에게 제출하였음에도 불구하고, '관행이 없었다'는 내용으로 직장괴롭힘 신고 근로자의 기억과 경험에 반하는 내용의 경위서, 보고서를 작성할 것을 반복하여 요구하고, 경고장 형식으로도 발송하였는데, 피고인에게 근로자의 의사에 반하여 시설장이 원하는 내용으로 경위서를 작성하게 할 권한은 없으므로 근로기준법상 '직장 내 괴롭힘'에 해당된다(서울중앙지법 2022.4.14, 2021고정2353 판결 원문 인용).

Q&A 24

단 1회에 그쳐도 직장 내 괴롭힘 행위가 성립될 수 있는지?

직장괴롭힘 행위요건에 해당되는 한, 단 1회에 그쳐도 직장괴롭힘 행위는 성립될 수 있습니다. 고의성, 상습성, 반복성 등은 징계양정의 문제일 뿐 직장괴롭힘 행위 요건 해당성과는 무관합니다. 그런데 부하직원에게 모욕적 언사를 하는 상사는 대부분 1회성으로 끝나지 않고 장기간, 반복적, 상습적으로 이루어지는 경향이 있습니다.

Q&A 25

직장괴롭힘 행위의 유형

유형	항목	구체적 행위
신체적 괴롭힘	폭행	◦ 신체에 대하여 폭행하거나 협박하는 행위
	위협	◦ 물건이나 서류 등을 던지려고 하거나 던지는 행위
언어적 괴롭힘	폭언	◦ 욕설이나 폭언 등 위협적인 언행을 하는 행위
	모욕	◦ 다른 직원들 앞에서 또는 온라인 상에서 모욕감을 주는 행위
	협박	◦ 업무상 불이익을 주겠다며 겁박하는 행위
	비하	◦ 외모·연령·학력·성별 등을 이유로 모멸감을 주거나 특정인과 비교하는 행위

유형	항목	구체적 행위
업무적 괴롭힘	무시	◦ 합리적 이유없이 업무능력이나 성과를 인정하지 않거나 무시하는 행위
	전가	◦ 본인 업무를 부하직원에게 반복적으로 전가하는 행위
	차별	◦ 훈련 · 승진 · 보상 · 일상적인 대우 등에서 차별하는 행위
	잡일	◦ 합리적 이유없이 일을 주지 않거나 허드렛일을 시키는 경우
	배제	◦ 업무와 관련된 정보나 논의과정에서 배제하거나 무시하는 행위
	차단	◦ 합리적 이유없이 특정인에게 비품(PC, 전화 등)을 제공하지 않거나 사내 인트라넷 접속을 차단하는 경우
	반성	◦ 적정범위를 넘거나 차별적으로 경위서 · 시말서 · 반성문 · 업무일지 등을 쓰게하는 행위
	태움	◦ 업무를 가르치면서 학습능력 부족 등을 이유로 괴롭히는 행위
	감시	◦ 일하거나 휴식하는 모습을 감시하는 행위
	야근	◦ 야근 · 주말출근 등 불필요한 추가근무를 강요하는 행위
	SNS	◦ 업무시간외 전화나 온라인으로 업무를 지시하는 행위
	회식	◦ 회식 · 음주 · 흡연 또는 금연을 강요하는 행위
업무외 괴롭힘	후원	◦ 특정종교나 단체의 활동 또는 후원을 요구하는 행위
	공연	◦ 회사 행사에서 원치 않는 장기자랑, 경연대회 등을 요구하는 행위
	행사	◦ 체육행사, 단합대회 등 비업무적인 행사를 강요하는 행위
	심부름	◦ 업무와 무관하게 개인 심부름 등 사적인 용무를 지시하는 행위
	간섭	◦ 사적인 영역에 지나치게 개입하는 행위(생활방식, 가정생활 등)

유형	항목	구체적 행위
집단적 괴롭힘	따돌림	◦ 상사나 다수 직원이 특정한 직원과 대화하지 않거나 따돌리는 행위
	소문	◦ 근거없는 비방, 소문, 누명을 생산 또는 확산하는 행위

※ 출처 : "직장 내 괴롭힘 적용범위와 유형(직장갑질 119)" 26~27쪽 인용

Q & A 26

직장 내 괴롭힘 행위 사례 : 선행적 행위에 대한 보복적 괴롭힘

1. 육아휴직 사용에 대한 보복적 괴롭힘

- 육아휴직 후 복직한 직원에게 전에 담당하던 업무가 아닌 보조업무를 주고, 직원을 퇴출시키기 위한 따돌림을 지시한 사건. 피해자를 제외한 다른 직원들만 참석한 회의에서 피해자를 내쫓기 위하여 따돌림을 할 것을 지시하는 취지의 내용을 전달하였으며, 이후 책상을 치우고 창구에 앉지 못하게 할 것을 지시, 그를 직원으로 생각하지 않는다는 취지의 발언을 하는 등 차별적인 대우를 함(광주지방법원 2012.10.24, 2012나10375 판결 : 손해배상책임 인정)
- 육아휴직 후 복직하려 했으나, 사장은 복직시킬 의사가 없다고 하였고 이에 노동부에 진정을 제기한 결과 복직하게 됨. 복직 이후 10년 간 해왔던 기존 경리업무가 아닌 기술영업부

에 속해 마케팅 업무를 하도록 하고 업무용 컴퓨터 등은 한달 후에 지급 하겠다고 하고 지급하지 않음. 9시 이전에 출근해도 사무실에는 들어오지 못하게 하고, 점심시간도 12시부터 13시까지로 하되 13시 이전에는 사무실에 들어오지 못하게 함. 다른 직원들과 사적으로도, 업무적으로도 얘기하지 말라며, 모든 대화는 직원을 통해 녹취하겠다고 함

2. 근로조건 하향제안 거절에 대한 보복적 괴롭힘

근로조건을 하향하는 근로계약을 강요하여 이를 거절하자, 회사는 사무실 비밀번호와 피해자 개인 컴퓨터의 비밀번호를 일방적으로 바꾸어 접근을 막고, 업무용 메신저에서 피해자를 강퇴 시키는 등 노골적으로 따돌림

3. 업무조정 불만표시자에 대한 보복적 괴롭힘

업무 조정 시 불합리한 점을 제기하자, 부서장이 그간에 하지 않던 전혀 다른 업무를 아무런 협의 없이 부여하고, 이로 인해 힘든 상황에서도 피해자가 수행할 수 없는 본래 업무와 관련 없는 직무를 계속해서 부여하여 피해자가 이를 견디지 못하고 사직함

4. 주간근무 전환자에 대한 보복적 괴롭힘

주야간 근무를 하다가 상시주간업무로 변경되었는데, 이로 인해 다른 동료들의 업무강도가 강해졌다며 팀장이 회사 내에서 왕따

를 시키기 시작함. 이후 일을 시키지 않다가 출근대기를 3주시키고 그 이후에는 아무런 기약도 없이 책상에만 앉아 있게 함. 업무부여를 요청하였으나, 업무에서 배제된 채 청소나 잡일 등만을 지시함

5. 내부고발자에 대한 보복적 괴롭힘

직속상사로부터 성추행을 당하곤 했던 직원의 부탁에 의해 대리자로서 내부고발을 함. 가해자의 성추행 사실을 가해자의 상사에게 얘기하였으나, 도리어 내부고발 한 사실을 가해자에게 바로 전달. 이후 그 상사는 수시로 피해자에게 윽박지르거나 삿대질하고, 회의에서 배제하거나 직원들 앞에서 대놓고 무시하는 발언을 계속함. 팀원들도 피해자를 따돌리는 등 상사의 괴롭힘에 동참함

6. 승진탈락 반발자에 대한 보복적 괴롭힘

승진대상에서 누락되어 반발한 직원이 명예퇴직 권고대상자로 선정된 후 이에 항변하는 과정에서 괴롭힘을 당한 사건. 업무변경과 관련한 문제를 따지는 과정에서 폭행, 업무용 물품 및 ID를 회수, 자리를 회의용 탁자로 이동시키고 이후 회의용 탁자와 의자 회수, 피해자가 컴퓨터를 쓰지 못하게 하고, 직원들에게 전자우편 동시 발송 시 피해자를 제외하도록 지시하는 등 직장 내에서의 따돌림, 차별적 대우(서울행법 2000.8.14, 2000구34224 판결 : 이로 인한 정신적 질환에 대한 산재보상 인정)

7. 명예퇴직 거부자에 대한 보복적 괴롭힘

기업 차원에서 명예퇴직을 거부하는 사무직 직원에게 사물함만 바라보도록 자리를 배치하는 일명 면벽근무를 지시함. 피해자는 회사가 명예퇴직 대상자로 통보한 20명 중 한 명이었으나, 피해자가 명예퇴직을 거부하자 이러한 면벽근무를 지시하였으며, 10분 이상 자리를 비우면 상급자에게 보고, 쉬는 시간 이외에 흡연, 개인전화 등을 금지시킴. 개인 노트북 사용을 이유로 보안규정 위반으로 감봉 징계를 하기도 하고, 사무업무와 아무런 관련 없는 자재관리로 배치전환을 하기도 함

8. 부당해고 판정 후 복직자에 대한 보복적 괴롭힘

부당해고 판정으로 받고 복직한 직원에 대해 기업 차원에서 '복직자 관리방안'을 만들어 화장실 앞에서 근무하도록 지시, 다른 근로자들에 비하여 집중적인 근태 관리, 고강도의 업무지시를 시키는 계획을 수립하고 실제 해당 방안과 유사하게 피해자의 근무환경을 악화시키는 조치를 취함

Q&A 27

직장 내 괴롭힘 행위 사례 : 회식, 반성, 간섭 등

1. 회식, 반성, 간섭 등 업무무관 행위 강요

가해자인 선배가 후배인 피해자에게 술자리를 마련하지 않으면 인사상 불이익을 주겠다고 반복하여 말한 사건. “술자리를 만들어라”, “아직도 날짜를 못 잡았느냐”, “사유서를 써와라”, “성과급의 30%는 선배를 접대하는 것이다” 등 반복적으로 술자리를 갖자는 발언을 하고 시말서, 사유서를 쓰게 한 행위(대전지방법원 2015. 8.28, 2014고합207 판결 : 강요미수죄 인정)

2. 사적 행위 강요

상급자가 하급자에게 자신들에게 영어를 가르쳐 해줄 것을 지시함. 영어교육에 사실에 대해서는 다른 사람에게 누설하지 말 것을 지시. 영어교육은 업무 분장에도 없으며, 임원 및 다른 인사부서의 협의도 없이 상사의 지시만으로 회사 회의실에서 몰래 업무시간 중 진행함. 그 과정에 400페이지가 넘는 영어 교재를 스캔하도록 지시한 적도 있는 등 영어 교육을 위한 준비 때문에 다른 직원보다 1시간 일찍 출근할 수밖에 없었음

3. 사적 심부름

호텔에서 근무 중인데 사장의 아버지가 근처에서 식당을 하고 있음. 사장은 호텔 직원들을 돌아가면서 아버지 식당에 보내 숯불 올리는 일 등 본래 업무와 전혀 관련 없는 식당 일을 시킴. 사장은 아버지로부터 도움을 받아야 한다는 핑계로 직원들을 계속해서 다른 사업장(아버지 식당)에서 근무하도록 함

4. 비업무적 행사 참석 강요

회사에서 마라톤을 사실상 강제로 실시함. 일주일에 주2회 참여(지각 및 결석 시 벌금 부과)해야 하고, 훈련일지 작성 및 참여인원 수 파악을 위한 인증사진을 제출해야 함. 마라톤대회 출전 시에는 개인사비로 출전해야 함. 1년에 1~2번씩 동계·춘계훈련 이름으로 1박2일 훈련을 강행함

5. 사적 행사 차출

전북도는 2022년 8월 징계위원회를 열어 공무원에게 사적 노무를 요구하는 등 갑질을 한 ○○시청 A국장에 대해 정직 3개월 처분을 의결해 이를 ○○시에 통보했다. 감사관실은 근무지를 무단으로 이탈해 개업식에 참석한 공무원 15명에 대해서도 훈계·주의 등의 조치를 요구했다. 전북도 등에 따르면 A국장 아들이 운영하는 카페 개업식은 2022년 5월 31일 오후 2시에 열렸다. 이 자리엔 A국장과 시청 공무원 18명이 참석했다. 당시 시청 공무원들은 오후 2시 40분까지 카페에 머물며 음식을 나르거나 손님을 안내하는 등 영업에 도움을 줬다. 미리 도착한 공무원들은 카페 바닥을 청소하고 과일 및 답례품을 준비하기도 했다. 개업식이 열린 날은 평일이었고, 카페는 ○○시청에서 14km쯤 떨어져 있으며 자동차로 15분 정도 걸리는 곳에 있다. 공무원 대부분은 연가·반가 또는 출장을 내지 않고 근무지를 벗어나 카페에 온 것으로 파악됐다.

Q&A 28

직장 내 괴롭힘 행위 사례 : 따돌림

동료 간 피해자에 대한 따돌림 사건. 피해자를 의도적으로 무시하고, 피해자 면전에서 비웃음, 비난, 욕설 등 수시로 언어폭력을 가하고, 겨울, 여름에는 피해자에게 보일러나 에어컨 등을 제공하지 않고 가해자들끼리만 사용함(인권위 진정사건 : 16진정0186100)

Q&A 29

직장 내 괴롭힘 행위 사례 : 폭언

1. 협박

학교 교감이 같은 학교 소속 교사들을 상대로 욕설, 위협 등을 행한 사건. 학교 교감이 교사들에게 결재요청을 받자 책상을 내리치고 고함을 지르며, '야', '너' 등의 호칭을 사용하거나, 결재서류를 고의적으로 반려하고 지연시켜 업무를 방해하고, 해고 등을 언급하며 불이익으로 위협하는 등 폭언을 가함. 컨설팅을 받지 않겠다는 의견을 말하는 교사의 팔을 잡아끌고 고함을 지르는 등 위협을 함(인권위 진정사건 : 12진정0974000)

2. '야' · '너' 호칭사용

공기업 자회사에서 인사, 총무, 구매 등의 업무를 수행하던 피해자는 업무 상 실수를 계기로 상사와 관계가 악화. 이후 상사로부터 욕설 등의 폭언뿐만 아니라 다른 직원들로부터도 따돌림을 당함. 구체적으로는 업무 내·외적으로 피해자를 의도적으로 배제하거나 필요한 정보를 제공하지 않기, 피해자를 부를 때 사내에서 부적절한 호칭(공식 직함이 아닌 "야!·너!" 등) 사용하기, 공개적인 자리에서 욕설하기, 노동조합으로부터의 해고에 대한 협박 등 다양한 행위가 있었음

Q&A 30

직장 내 괴롭힘 행위 사례 : 모욕, 비하

1. 모욕

피해자가 감기에 걸려 겉옷을 입거나 마스크를 착용하는 것에 대해 상사가 지속적인 비난을 하고, 직원들 앞에서 "패딩은 세탁해서 입고는 다니냐", "옷에서 냄새가 난다"는 등의 모욕적 발언을 함. 또한 직원들 앞에서 피해자가 입고 다니는 옷과 가방 등을 지적하며 "3천원 주고 산거냐", "시장에서 산 물건만 쓴다"는 등의 모욕감을 줌

2. 비하

기간제 비정규직으로 근무하고 있음. 직속상사인 부장은 수시로 '재계약을 해줄까 말까', '티오를 한 명 줄여야 하는데 ○○씨 자

를까 아니면, ○○씨 자를까?'라고 비인격적인 발언을 수시로 함. 부장에게 그런 얘기를 들을 때마다 비참한 생각이 드니 시정해달라고 정중히 요청하였으나, 해당 부장은 도리어 다른 직원들에게 피해자에 대한 험담을 계속 하였고, 결과적으로도 피해자는 사업소의 기간제 근로자 중 유일하게 재계약 탈락함

Q&A 31

직장 내 괴롭힘 행위 사례 : 소문, 비방 확산

거래처 사장으로부터 소개팅을 받았다는 이유로 상사가 "거래처 사장과 놀아난 여직원"이라며 회사 내에서 말하고, "거래처에 회사 기밀을 노출시킬 위험이 있다. 그런 위험을 감수하면서까지 널 데리고 있을 수 없다."라고 하며 애인과 헤어질 것을 요구함. 또한 인맥을 이용해서 애인을 해고당하게 하겠다는 등의 협박도 하고, 직원들에게 실제 있지도 않은 얘기를 퍼뜨림으로써 회사에서 따돌림을 당하게 함

Q&A 32

직장 내 괴롭힘 행위 사례 : 과도한 시말서 제출 강요

상사가 특별한 위법행위나 회사 내규를 위반한 사항이 없음에

도 시말서를 요구하고, 이에 부득이 시말서를 작성했음에도 추가적인 시말서 작성을 계속 요구하거나, '어떠한 처벌도 감수하겠다'는 등의 비자발적인 문장을 기재할 것을 강요함.

역량강화라는 이유로 독후감 작성을 요구하여 이에 따라 왔으나, 피해자에게만 드라마 전편(1~20화)을 시청하고 독후감을 작성해 오라는 등 이해할 수 없는 독단적 지시를 계속함. 이러한 지시는 업무시간 외 집에서 개인적인 시간을 할애해야 하는 것으로 계속된 지시에 괴로움

Q&A 33

직장 내 괴롭힘 행위의 유형 : 감시 · 통제

1. CCTV

회사 내에 CCTV가 설치되어 있고 해당 모니터가 중간관리자의 자리에 설치되어 있음. 출입구 등에 사람이 지키고 있지 않아 CCTV 외에는 직원들의 움직임을 확인할 수 없는 구조임에도, 간식을 먹고 난 후 "간식은 맛있었냐"는 등 실시간으로 모니터로 직원들을 관찰하고, 경고 메일, 메시지 등을 보내는 방식으로 감시 사실을 직원들에게 주지시킴

2. 이석장부 작성, 특정인에게만 근무일지 작성

피고는 원고에게 생리적인 현상을 해결하기 위한 화장실 사용

을 포함하여 잠시라도 자리를 비우는 경우에 이 사건 이석장부의 작성을 지시하였고, 이석장부를 공개된 장소에 비치한 후 그곳에서 이석장부를 작성하도록 하여 원고와 같은 층에 근무하는 직원이라면 누구나 원고의 화장실 이용여부, 이용시간, 이용횟수 등을 알 수 있게 함으로써 지극히 사적인 영역에 관한 부분까지도 공개할 것을 강제한 사실을 인정할 수 있고, 이러한 피고의 행위는 사용자로서의 정당한 지휘·감독권의 한계를 일탈한 행위로서 근로자인 원고의 행복추구권, 일반적 행동자유권, 사생활의 비밀과 자유를 침해하는 불법행위를 구성한다.

피고는 이 사건 이석장부의 작성을 지시하면서 생리적인 욕구를 해결하기 위한 화장실의 이용여부, 이용횟수 뿐만 아니라 이석 및 귀가시간 등도 분 단위로 기재하도록 하였는바, 이로 인하여 원고가 받았을 정신적 고통의 정도가 상당하였을 것으로 보이는 점, 피고는 이 사건 이석장부를 공개된 장소에 비치함으로써 다른 직원들이 원고의 사생활의 영역까지도 확인할 수 있는 상태에 두었던 점, 이 사건 이석장부의 작성지시는 3개월 가까이 장기간 동안 지속되었던 점, 그밖에 피고가 이 사건 이석장부를 지시하게 된 경위, 이석장부 작성지시의 목적, 이후의 정황 등 이 사건 변론에 나타난 제반 사정을 종합적으로 고려하여 보면, 피고가 배상하여야 할 위자료의 액수를 2,000만 원으로 정함이 상당하다(서울중앙지법 2018. 6.21, 2017가합539658 판결 원문 인용).

Q & A 34

직장 내 괴롭힘 행위 사례 : SNS 통한 괴롭힘

1. 모바일메신저 단체채팅

상사가 아침 일찍 갑자기 모바일메신저 단체채팅으로 아무런 설명 없이 ○○시까지 조기 출근하라고 지시하여 직원들이 급하게 출근하고 있었으나, 회사 도착 직전에 단체채팅으로 그냥 다음에 얘기하자며 정시 출근시간에 출근하라고 함. 이와 같이 아침, 점심, 퇴근 후, 밤 12시 할 것 없이 단체채팅을 하는데, 대부분 급한 전달 상황도 아니고 본인 감정이 상한 일들을 하나하나 따지는 말임. 이에 응답하지 않는 직원에 대하여는 모바일메신저 단체채팅 등을 통해 화풀이를 함

2. 사내 SNS

가해자들은 장기간에 걸쳐 사내 SNS를 이용하여 피해자들에 대한 성희롱적 발언, 음담패설을 함. 다른 직원들로부터 제재를 받은 바 있음에도 SNS를 통한 가해자들의 행위는 지속됨

Q & A 35

직장 내 괴롭힘 행위 사례 : 태움

1. 사수-조수간 태움

가전 배송일을 하는 부기사로 일을 하고 있는 피해자의 사수는 업무 미숙을 이유로 수시로 욕을 하고, 발길질에 손찌검까지 함. 배송 가서 고객이 물이나 음료수를 줘도 혼자 다 마시고 피해자는 마시지도 못하게 하여 목이 너무 말라 화장실에 가서 수돗물을 마신 적도 있음. 피우던 담배나 라이터를 얼굴로 던진 적도 있음

2. 멘토-멘티 간 태움

신규간호사로 입사하자 업무를 가르쳐주는 프리셉터(일종의 멘토)가 배정됨. 프리셉터로부터 입사 3일째부터 태움이 시작됨. "그만 둘 거면 빨리 그만둬라.", "쥐어 팰 수도 없고", "이게 눈에 안보이냐? 눈깔을 빼서 씻어줄까?" 등 폭언을 하고, 시간 내에 완료할 수 없는 양의 업무를 부과하고는 못했다고 욕을 하기도 함

수술실 간호사로 근무 중인데, 한 수술의사는 수술할 때마다 간호사에게 소리를 지르거나 반말을 하고, "씨×, 씨×"하면서 욕하고 수술기구 던짐. 신참 간호사일수록 그 정도는 더욱 심함. 간호사들이 그 의사로 인해 퇴직을 많이 하다 보니 간호사 부족으로 남은 간호사는 업무가 더욱 가중되고 당직수도 늘어남. 너무 힘들어 병원에 해결해 달라 요구했지만 병원은 의사 편만 들어 이를 제대로 해결해 주지 못함

Q & A 36

직장 내 괴롭힘 행위 사례 : 장애인, 비정규직 등 약자에 대한 괴롭힘

공공일자리 사업으로 학교도서관에 근무하는 장애인에 대한 체벌 사건. 피해자에게 컴퓨터 등 전자기기를 만지지 못하게 하고, 이를 어기면 피해자의 손바닥을 플라스틱 자로 때리고 손을 들어 벌을 서게 함(인권위 진정사건 : 17진정0169100)

Q & A 37

행위자에게 직장괴롭힘 의도가 있어야 직장괴롭힘 행위가 성립되는지?

1. 성희롱이 성립하기 위해서는 행위자에게 반드시 성적 동기나 의도가 있어야 하는 것은 아닙니다. 직장괴롭힘 의도가 없더라도 같은 처지에 있는 일반적이고도 평균적인 사람으로 하여금 괴롭힘을 느낄 수 있게 하는 행위로 인해 피해자에게 정신적 고통을 주었다면 직장괴롭힘에 해당됩니다.

2. 행위자와 피해자의 상황인식 사례
   - 행위자(팀장) : 저도 솔직히 신입사원 시절에 정말 많이 당했습니다. 거의 매일 퇴근 후에 술자리에 끌려 다녔구요. 심지

어 술값도 제가 내는 경우가 더 많았습니다. 정말 그 때는 칼을 갈았습니다. 정말 후배들에게 잘해 줘야지. 그래서 저는 후배들에게 자주 술을 사주고 격려해줍니다. 그 결과 후배들은 정말 저를 잘 따르고 있습니다.

- 피해자(팀원) : 저는 정말 그 선배랑 술 먹는 게 지옥같습니다. 일단 먹었다 하면 1-~시가 기본이고요. 그 전에 먼저 가려고 하면 '선배의 후배에 대한 사랑'을 몰라준다고 하면서, 자기는 신입사원 시절에 얼마나 힘들었는지, 그래서 자기가 얼마나 좋은 선배가 되었는지 등 일방적 자기자랑(?)을 하는데 정말 괴롭습니다.

Q&A 38

피해자가 행위자의 행위로 인하여 '정신적 고통'을 받았다고 주장하기만 하면 직장괴롭힘 행위가 성립되는지?

[대법 2018.4.12, 2017두74702]

성희롱이 성립하기 위해서는 행위자에게 반드시 성적 동기나 의도가 있어야 하는 것은 아니지만, 당사자의 관계, 행위가 행해진 장소 및 상황, 행위에 대한 상대방의 명시적 또는 추정적인 반응의 내용, 행위의 내용 및 정도, 행위가 일회적 또는 단기간의 것인지 아니면 계속적인 것인지 여부 등의 구체적 사정을 참작하여 볼 때, 객관적으로 상대방과 같은 처지에 있는 일반적이고도 평균적인 사람으로 하여금 성적 굴욕감이나 혐오감을 느낄 수 있게 하는 행위가 있고, 그로 인하여 행위의 상대방이 성적 굴욕감이나 혐오감을 느꼈음이 인정되어야 한다(대법 2018.4.12, 2017두74702 판결 원문 인용).

Q&A 39

객관적으로 피해자와 같은 처지에 있는 일반적이고도 평균적인 사람의 입장에서 "정신적 고통을 느꼈다고 볼 수 없는 경우"를 구체적으로 설명하면?

[대법 2007.6.14, 2005두6461]

1. 사실관계

교감인 원고(A)가 교장(B) 및 교무부장(C)와 함께 초등학교 교사 3학년 교사들(남교사 3명, 여교사 3명이 함께 한 회식자리에서 B가 교사들에게 술을 따라 주었고, 이에 대한 답례로 남교사 3명은 B에게 술을 따라 주었으나 여교사 3명은 따라주지 않자 A가 여교사에게 B에게 술을 한잔씩 따라 줄 것을 권유한 바, 여교사 3명 중 2명은 성적 굴욕감 또는 혐오감을 느끼지 않았다고 진술하였으나, 1명이 성적 굴욕감을 느꼈다고 주장하였다.

2. 판결

① 성희롱의 전제요건인 "성적 언동 등"이란 남녀 간의 육체적 관계

나 남성 또는 여성의 신체적 특징과 관련된 육체적, 언어적, 시각적 행위로서 사회공동체의 건전한 상식과 관행에 비추어 볼 때 객관적으로 상대방과 같은 처지에 있는 일반적이고도 평균적인 사람으로 하여금 성적 굴욕감이나 혐오감을 느끼게 할 수 있는 행위를 의미한다고 할 것이고, 위 법 규정상의 성희롱이 성립되기 위해서는 행위자에게 반드시 성적 동기나 의도가 있어야 하는 것은 아니지만, 당사자의 관계, 행위가 행해진 장소 및 상황, 행위에 대한 상대방의 명시적 또는 추정적인 반응의 내용, 행위의 내용 및 정도, 행위가 일회적 또는 단기간의 것인지 아니면 계속적인 것인지 여부 등의 구체적 사정을 참작하여 볼 때,

- 객관적으로 상대방과 같은 처지에 있는 일반적이고도 평균적인 사람으로 하여금 성적 굴욕감이나 혐오감을 느낄 수 있게 하는 행위가 있고,
- 그로 인하여 행위의 상대방이 성적 굴욕감이나 혐오감을 느꼈음이 인정되어야 할 것이다.

② 따라서 객관적으로 상대방과 같은 처지에 있는 일반적이고도 평균적인 사람으로 하여금 성적 굴욕감이나 혐오감을 느끼게 하는 행위가 아닌 이상 상대방이 성적 굴욕감이나 혐오감을 느꼈다는 이유만으로 성희롱이 성립될 수는 없다고 할 것이다.

- 교감이 단지 여자교사들에 대하여 교장에게 술을 따라 줄 것을 두 차례 권한 언행은 여자교사들로 하여금 성적 굴욕감 또는 혐오감을 느끼게 하는 성적 언동에 해당하지 않는다고 할

것이므로 이를 성희롱이라고 할 수 없다(대법 2007.6.14, 2005두6461 판결 원문 인용).

3. 참고 사항 : 감정관리 유형

① 감정을 인식하고 다루는 방법에 따른 개인 차이

유형	내용
외향형	◦ 자신의 생각이나 감정을 외부에 표출하는 편이다. ◦ 화가 나면 화를 즉각적으로 표현하는 경향이 있는 반면, 감정을 마음속에 오래 담지 않는다. ◦ 상대방에게 자신의 감정이 직접적으로 노출된다.
내향형	◦ 자신의 생각이나 감정을 잘 드러내지 않는다. ◦ 화가 나도 일단은 외적으로 표현하지 않고 내적 처리('참기' '감정 따져보기')한다. ◦ 상대방에게 자신의 감정이 잘 노출되지 않는다.

② 감정을 처리하는 방식에 따른 개인 차이

유형	내용
감정형	◦ 감정을 있는 그대로 느끼고 경험한다. 기분이 안좋으면 그냥 안좋은 것이다. 딱히 그 이유를 굳이 엄격하게 따지거나 왜 그런지를 깊게 파지 않는다. ◦ '몰라', '화가 나'
사고형	◦ 감정에 대해서 논리적으로 분석하고자 하며, 합리적으로 납득되지 않으면 감정을 인지하지 않는 경향을 보인다. 이유를 따져본 다음, 딱히 이유나 사건이 없다면 이를 간과하거나 중시하지 않는다. ◦ '내가 화가 나는 이유는 첫째, … 둘째, …

③ 결론

자신의 감정관리 유형을 잘 알고 있다면, 감정관리와 관련된 자신의 장단점을 이해하고 그에 맞추어 행동을 조절하거나 통제하는 것이 가능해질 수 있습니다.

그러나, 자신의 감정 유형을 잘 모른다면, 자신의 감정관리 상의 문제가 발생하는 것은 물론 자신도 모르게 타인의 감정에 대해 정신적 고통을 줄 수 있습니다. 즉, 남녀간 성별 인식에 무감각할 경우에는, '성인지 감수성'문제가 발생하게 됩니다.

Q&A 40

'성인지 감수성' 이론이란?

[대법 2018.4.12, 2017두74702]

1. '성인지 감수성' 개념 : 직장 내 성희롱 사건에서 피해자 진술의 증명력

판례(대법 2018.4.12, 2017두74702)는 학생들에 대한 성희롱을 이유로 해임된 대학교수인 원고가 소청심사 청구를 기각한 결정의 취소를 구하는 사건에서, 피해자가 사건 이후에도 계속하여 원고의 강의를 수강한 점, 피해 진술에 소극적인 점, 사건 발생 후 오랜 시간이 지난 후에야 문제를 제기한 점 등을 이유로 피해자 진술을 배척하거나 원고의 언동이 성희롱에 해당하지 않는다고 본 원심판단에 자유심증주의의 한계를 벗어나거나 성희롱에 관한 법리를 오해한 위법이 있다고 보아 원심판결을 파기환송하면서 최초로 '성인지 감수성'이라는 개념을 도입하였습니다.

2. '성인지 감수성'에 대한 판결내용

① 법원이 성희롱 관련 소송의 심리를 할 때에는 그 사건이 발생한 맥락에서 성차별 문제를 이해하고 양성평등을 실현할 수 있도록 '성인지 감수성'을 잃지 않아야 한다(양성평등기본법 제5조제1항 참조). 그리하여 우리 사회의 가해자 중심적인 문화와 인식, 구조 등으로 인하여 피해자가 성희롱 사실을 알리고 문제를 삼는 과정에서 오히려 부정적 반응이나 여론, 불이익한 처우 또는 그로 인한 정신적 피해 등에 노출되는 이른바 '2차 피해'를 입을 수 있다는 점을 유념하여야 한다.

② 피해자는 이러한 2차 피해에 대한 불안감이나 두려움으로 인하여 피해를 당한 후에도 가해자와 종전의 관계를 계속 유지하는 경우도 있고, 피해사실을 즉시 신고하지 못하다가 다른 피해자 등 제3자가 문제를 제기하거나 신고를 권유한 것을 계기로 비로소 신고를 하는 경우도 있으며, 피해사실을 신고한 후에도 수사기관이나 법원에서 그에 관한 진술에 소극적인 태도를 보이는 경우도 적지 않다. 이와 같은 성희롱 피해자가 처하여 있는 특별한 사정을 충분히 고려하지 않은 채 피해자 진술의 증명력을 가볍게 배척하는 것은 정의와 형평의 이념에 입각하여 논리와 경

험의 법칙에 따른 증거판단이라고 볼 수 없다(대법 2018.4.12, 2017두74702 판결 원문 인용).

3. 직장괴롭힘 사건에의 시사점

직장 내에서도 상하관계에 있어서 피해자가 직장괴롭힘 사실을 알리고 문제를 삼는 과정에서 오히려 부정적 반응이나 여론, 불이익한 처우 또는 그로 인한 정신적 피해 등에 노출되는 이른바 '2차 피해'를 입을 수 있다는 점, 피해자는 이러한 2차 피해에 대한 불안감이나 두려움으로 인하여 피해를 당한 후에도 가해자와 종전의 관계를 계속 유지하는 경우도 있고, 피해사실을 즉시 신고하지 못하다가 다른 피해자 등 제3자가 문제를 제기하거나 신고를 권유한 것을 계기로 비로소 신고를 하는 경우도 있다는 점 등을 감안하여, 피해자의 오랜 기간 침묵 · 피해자의 명시적 거부의사 표시 전무 · 다소 거친 직장문화 관행 등을 이유로 직장괴롭힘 성립을 쉽게 부정해서는 않된다고 할 것입니다.

Q & A 41

직장괴롭힘 행위요건 중 '근무환경을 악화시키는 행위'란 무엇인지?

1. 근무환경을 악화시키는 것이란, 그 행위로 인하여 피해자가 능

력을 발휘하는 데 간과할 수 없을 정도의 지장이 발생하는 것을 의미합니다.

- 근무공간을 통상적이지 않은 곳으로 지정(예, 면벽근무 지시)하는 등 인사권의 행사범위에는 해당하더라도 사실적으로 볼 때 근로자가 업무를 수행하는 데 적절한 환경 조성이 아닌 경우 근무환경이 악화된 것으로 볼 수 있습니다.
- 사실행위 측면을 넘어서 해고, 전보, 전환배치명령 등 인사조치가 직장 내 괴롭힘으로 문제되는 경우에는 근로기준법 제23조 위반 여부로 해결해야 할 것입니다.

2. 행위자의 의도가 없었더라도 그 행위로 신체적·정신적 고통을 받았거나 근무환경이 악화되었다면 직장괴롭힘이 인정될 수 있습니다.

Q&A 42

직장괴롭힘 행위의 종합적 판단기준과 시효는?

1. 종합적 판단기준

남녀고용평등법상 직장 내 성희롱에 관한 판례를 참고해 볼 때, 직장 내 괴롭힘이 성립되는지에 대하여는

- 당사자의 관계, 행위가 행해진 장소 및 상황, 행위에 대한 피

해자의 명시적 또는 추정적인 반응의 내용, 행위의 내용 및 정도, 행위가 일회적 또는 단기간의 것인지 또는 계속적인 것인지 여부 등의 구체적인 사정을 참작하여 종합적으로 판단하되,

- 객관적으로 피해자와 같은 처지에 있는 일반적이고도 평균적인 사람의 입장에서 신체적·정신적 고통 또는 근무환경 악화가 발생할 수 있는 행위가 있고,
- 그로 인하여 피해자에게 신체적·정신적 고통 또는 근무환경의 악화의 결과가 발생하였음이 인정되어야 합니다.

관련 판례

대법 2018.4.12, 2017두74702

성희롱이 성립하기 위해서는 행위자에게 반드시 성적 동기나 의도가 있어야 하는 것은 아니지만, 당사자의 관계, 행위가 행해진 장소 및 상황, 행위에 대한 상대방의 명시적 또는 추정적인 반응의 내용, 행위의 내용 및 정도, 행위가 일회적 또는 단기간의 것인지 아니면 계속적인 것인지 여부 등의 구체적 사정을 참작하여 볼 때, 객관적으로 상대방과 같은 처지에 있는 일반적이고도 평균적인 사람으로 하여금 성적 굴욕감이나 혐오감을 느낄 수 있게 하는 행위가 있고, 그로 인하여 행위의 상대방이 성적 굴욕감이나 혐오감을 느꼈음이 인정되어야 한다.

2. 시효

① 2021. 10. '직장 내 괴롭힘 금지법'을 개정하여 사업주에 대한 벌칙을 강화하였습니다. 즉, 사업주가 가해자인 경우 1,000만

원 과태료를 부과하고, 직장괴롭힘 사건 조사 또는 의무조치 미이행 시 500만원의 과태료를 부과하는 바, 과태료 부과대상 행위에 대해서는 현행 〈질서위반행위규제법〉 제19조에 따라 질서위반행위가 종료된 날로부터 5년이 경과한 경우에는 과태료를 부과할 수 없으므로, 과태료 부과행위가 5년이 지나지 않은 경우 진정을 제기할 수 있습니다.

관련 법 규정

질서위반규제법 제19조(과태료 부과의 제척기간)

① 행정청은 질서위반행위가 종료된 날(다수인이 질서위반행위에 가담한 경우에는 최종행위가 종료된 날을 말한다)부터 5년이 경과한 경우에는 해당 질서위반행위에 대하여 과태료를 부과할 수 없다.

② 따라서, 4년 전에 발생한 직장괴롭힘 사건에 대한 조사신청이 있다면, 취업규칙에는 비위행위에 대한 징계시효를 3년으로 제한하고 있다고 할지라도, 상위법 우선의 원칙에 따라 직장괴롭힘 사건 조사하여야 합니다.

신고에서 처리까지
직장괴롭힘 100문 100답

관련 법규정

근로기준법 제76조의3(직장 내 괴롭힘 발생 시 조치)

② 사용자는 제1항에 따른 신고를 접수하거나 직장 내 괴롭힘 발생 사실을 인지한 경우에는 지체 없이 그 사실 확인을 위한 조사를 실시하여야 한다. (위반 시 500만원이하 과태료).

Ⅲ 직장괴롭힘 발생 시 조사요령

Q&A 43

직장 내 괴롭힘 발생 시 사용자가 지켜야 할 원칙은?

1. 피해상태의 원상회복 원칙

① 직장 내 괴롭힘 사건의 사업장 내 해결에 있어서 가장 중요한 것은 피해자의 피해상태의 회복, 인격권이 보호되는 근무환경의 확립이라 할 수 있습니다.

- 이러한 관점에서 해당 사안에 대해서는 피해자가 피해사실이 없었던 상태로 돌아가 다시 건강한 직장생활을 할 수 있도록 회복시키는 방향으로 접근할 필요가 있습니다.

② 또한 유사한 피해가 반복되지 않도록 행위자에 대한 재발방지조치, 전반적인 조직문화·제도의 개선 등도 검토하는 것이 바람직합니다.

2. 당사자간 해결 우선 원칙

① 직장 내 괴롭힘 사건 접수 시 신속하게 처리하되 피해자의 의사에 따라 상담을 통한 고충처리 단계에서 당사자 간 해결을 먼저 모색한 후 정식 조사절차로 돌입할 수 있습니다.

- 당사자 간 해결은 피해자에 대한 행위자의 괴롭힘 행위를 중단하고 피해자에 대하여 행위자가 직접 사과, 재발방지약속 등을 하는 방식으로 피해를 회복하는 것을 목적으로 하고 있습니다.

② 정식 조사절차는 사업장 차원에서 피해자가 주장하는 직장 내

괴롭힘에 대한 내용을 다방면의 조사를 통하여 확인한 후 행위자에게 공식적인 징계를 비롯하여 재발방지를 위한 적절한 조치를 취하는 것을 목적으로 하고 있습니다.

3. 비밀유지의 원칙

① 2차 피해를 방지하기 위해서 직장 내 괴롭힘 사건 처리과정에서 상담자, 조사자 등 조사과정에 참여하는 사람은 피해자는 물론 관련자의 신원에 대하여 철저히 비밀유지 하여야 합니다.

② 따라서, 비밀유지 의무 고지, 서약서 작성 등 조치가 필요합니다.

관련 판례

대법 2017.12.22, 2016다202947

◦ 인격권, 사생활의 비밀과 자유를 보장하는 헌법규정, 직장 내 성희롱의 예방과 피해근로자등을 보호하고자 하는 남녀고용평등법의 입법취지와 직장 내 성희롱의 특성 등에 비추어, 직장 내 성희롱 사건에 대한 조사가 진행되는 경우 조사참여자는 특별한 사정이 없는 한 비밀을 엄격하게 지키고 공정성을 잃지 않아야 한다.

◦ 조사참여자가 직장 내 성희롱 사건을 조사하면서 알게 된 비밀을 누설하거나 가해자와 피해자의 사회적 가치나 평가를 침해할 수 있는 언동을 공공연하게 하는 것은 위법하다고 보아야 한다. 위와 같은 언동으로 말미암아 피해근로자등에게 추가적인 2차 피해가 발생할 수 있고, 이는 결국 피해근로자등으로 하여금 직장 내 성희롱을 신고하는 것조차 단념하도록 할 수 있기 때문에, 사용자는 조사참여자에게 위와 같은 의무를 준수하도록 하여야 한다.

4. 피해자 고충에 대한 지속적 관리 원칙

① 한편, 조사 결과 사업장의 규제 대상이 되는 직장 내 괴롭힘 행위에는 해당되지 않는 것으로 확인되더라도 피해자의 신체적 · 정신적 고충에 대해서 회사에서 관심을 가지고 관리 필요합니다.

② 따라서, 신고 단계에서부터 피해자의 고충 완화를 지원하는 조치(심리상담 등)가 투입되도록 하는 체계가 바람직합니다.

[참고] 근로자의 스트레스 관리 관련, 근로자지원프로그램(EAP : Employee Assistance Program) 도입을 검토해 볼 수 있으며, 특히 300인 미만 중소기업의 경우 근로복지공단이 제공하는 EAP를 활용할 수 있음

<근거규정> 근로복지기본법 제83조(근로자지원프로그램)

① 사업주는 근로자의 업무수행 또는 일상생활에서 발생하는 스트레스, 개인의 고충 등 업무저해요인의 해결을 지원하여 근로자를 보호하고, 생산성 향상을 위한 전문가 상담 등 일련의 서비스를 제공하는 근로자지원프로그램을 시행하도록 노력하여야 한다.

② 사업주와 근로자지원프로그램 참여자는 제1항에 따른 조치를 시행하는 과정에서 대통령령이 정하는 경우를 제외하고는 근로자의 비밀이 침해받지 않도록 익명성을 보장하여야 한다.

- 근로자지원프로그램(EAP)란?
  - 「근로자지원프로그램(Employee Assistance Program : EAP)」은 미국 등 선진국에서 보편화된 제도로서 그 개념은 국내외적

으로 다양하게 정의되고 있음. 세계 EAP협회에서는 생산성에 문제가 제기되는 직무조직을 돕고, 건강문제, 부부·가족생활 문제, 법·재정 문제, 알코올·약물 문제, 정서문제, 스트레스 등 업무성과 전반에 영향을 미칠 수 있는 근로자 문제를 해결하기 위해 개발된 사업장 기반의 프로그램으로 규정하고 있음

◦ EAP는 직무성과에 영향을 미칠 수 있는 개인적 문제를 완화하기 위해 조직 내부나 외부의 자원을 이용해서 제공하는 사회·심리적 서비스로서, 그 개입의 대상은 문제를 가진 근로자와 가족, 친지, 직무조직, 지역사회 전체를 포괄한다고 정의할 수 있음

• **근로복지공단 제공 근로자지원프로그램(EAP)**

◦ 근로복지공단은 근로자의 직무 스트레스 등 해결을 위해 근로복지넷(www.workdream.net)으로 신청을 받아 무료 온라인·오프라인 EAP 서비스를 제공하고 있음(위탁수행기관 : 〈사〉한국 EAP협회)

◦ 상시근로자수 300인 미만 중소기업과 소속 근로자가 지원대상이며,

- 근로복지넷에 회원으로 가입한 후 상담신청하면 온·오프라인 상담 가능
- 온라인상담은 게시판상담, 모바일상담, 전화상담으로 구성
- 오프라인상담은 근로자상담(1:1대면), 기업상담(개별 및 집단), 스트레스 힐링 프로그램, 조직스트레스 측정 등 실시

Q & A 44

직장 내 괴롭힘 발생 시 조사절차는?

순서	내용
사전조사	◦ 신고인 또는 피해자 상담을 통해 사건개요 및 피해자의 요구를 파악한다.
대면조사	◦ 사건 개요를 바탕으로 당사자 및 참고인과 대면 인터뷰를 하고, 사건과 관련된 입증자료를 조사한다.
보충조사, 협의타진	◦ 추가적인 조사 필요 시 보충조사를 실시하며, 조사된 내용을 바탕으로 당사자간 협의점이 있는지 검토 후 협의를 타진한다.
조사보고서 작성	◦ 판례 및 사례 등을 검토해 조사보고서를 작성한 후 사업주에게 보고한다.
인사조치	◦ 근로기준법 제76조의3 제4항 및 제5항에 따라 행위자와 피해자에 대한 조치를 한다.
사후조치	◦ 직장 내 괴롭힘 예방교육을 실시하고, 행위자의 괴롭힘 재발 및 보복 등이 발생하지 않도록 피해자를 지원한다.

Q & A 45

직장괴롭힘 사건 처리에 있어 '약식조사'는 어떤 경우에 가능한지?

1. 피해자가 행위자의 사과, 재발방지약속 등 당사자 간 합의를 원하는 경우, '약식조사'로 처리할 수 있습니다.

- 우선, 피해자가 당사자간 해결을 원하는 경우 행위자로 지목된 자가 자신의 행동을 직장 내 괴롭힘으로 인정하지 않으면 원만한 합의가 이루어지기 힘들기 때문에, 회사에서 직장 내 괴롭힘 행위로 판단했다는 전제가 있다면 합의 가능성이 높아질 수 있음을 감안하여, 피해자가 얘기하는 피해 사실에 대하여 약식 조사를 통하여 확인할 필요가 있습니다.

2. 약식 조사는 행위자와 피해자의 합의를 위한 것이므로 행위자에 대한 조사는 진행하지 않고, 피해자와 피해자가 추천한 참고인 등 관련자에 관한 조사만 실시하여 최대한 조속히 완료하고, 조사자는 약식 조사 보고서를 작성하여 사업주에게 보고하면 됩니다.

3. 일반적으로 '약식 조사 보고서'에는 다음과 같은 내용이 기술되어야 합니다.

- ◦ 피해자와 행위자와의 관계(우위성 판단요소)
- ◦ 피해자 또는 피해자가 추천한 참고인이 진술한 내용을 기반으로 한 사건 경위
- ◦ 문제된 행위가 직장 내 괴롭힘에 해당하는지 여부를 입증할 수 있는 증거(직접 또는 정황증거)
- ◦ 피해자의 피해 정도
- ◦ 피해자의 요청사항

Q&A 46

약식조사 결과 직장 내 괴롭힘 행위가 있다고 판단되었으나, 피해자가 행위자의 사과, 재발방지약속 등 당사자 간 합의를 원하는 경우에 사용자는 어떻게 하여야 하는지?

1. 피해자가 행위자의 사과, 재발방지약속 등 당사자 간 합의를 원하는 경우
   - 약식조사 결과 직장 내 괴롭힘이 확인되면 상담자는 피해자의 요구안을 정리하여 행위자에게 전달하면 됩니다(요구안의 예 : 사과, 재발방지약속, 행위자가 자원함에 따른 배치전환, 행위자 교육 등).
   - 현실적으로 부하직원에게 인격적 모욕을 준 행위자의 반성과 사과는 매우 어렵고 힘듭니다. 대개 행위자는 '피해직원에게 문제가 있었다', '우리 팀 전체를 위해 어쩔수 없었다', '피해자가 더 발전하기 위해 자극을 주었을 뿐이다' 등으로 자기합리화를 합니다. 행위자의 반성과 사과가 훌륭한 것은, 자신의 단점이나 문제를 인정하는 것만으로도 큰 용기이며, 문제를 해결하고 서로의 아픔과 상처를 치유하는 시작이 되기 때문입니다.

2. 행위자가 요구안을 받아들이면 요구안을 이행하고 사건을 종결하면 됩니다.

- 행위자의 다른 근로자에 대한 직장 내 괴롭힘 행위가 재발되지 않도록 하기 위하여 필요 시 회사 차원에서 요구안 이행에 더하여 상담, 코칭, 교육 등을 받도록 결정할 수도 있습니다.

3. 행위자가 요구안을 받아들이지 않아 합의가 결렬된 경우에는 상담자는 피해자를 다시 상담한 후 정식 조사의사 등을 확인하여 그에 따라 절차를 진행합니다.

Q & A 47

직장괴롭힘 사건 처리에 있어 '정식조사' 착수하기 前 유의사항은?

1. 상담과정에서 피해자가 정식 조사를 통한 해결을 요청한 경우 신속하게 조사 방향, 조사범위, 조사 대상 등을 결정하여야 합니다.
   - 조사의 기간, 조사자, 조사위원회 구성 등에 대해서는 취업규칙으로 규범화하여 사전에 주지되어 있을 필요가 있습니다.
   - 조사위원회를 통하여 조사하는 경우 위원장은 지체 없이 조사위원회를 구성하여 접수된 사건을 처리해야 할 것입니다.

2. 당사자가 조사과정 및 조사결과를 신뢰할 수 있어야 하며, 직원들에게 조사가 공정하고 전문적이며 신속하게 진행된다는 신뢰가 형성되어야 하는 만큼, 조사자의 중립성과 전문적 역량이 중요합니다.

- 통상적으로 사건조사와 처리는 인사팀, 법무팀, 감사팀 등에서 수행하는 경우가 많습니다.
- 사건이 복잡하거나 다양한 당사자가 연계된 경우 등 조사자 개인이 처리가 어렵다고 판단되는 경우 위원회 방식 또는 외부 전문가 참여 등을 고려할 수 있습니다.
- 사안에 따라서는 노조 대표나 노사협의회 위원을 조사에 참여시키는 것도 가능합니다.

3. 한편, 대표이사가 행위자로 지목된 경우에는 대표이사의 선임 또는 해임 등의 결정권한을 가진 기관에서 결정할 수 있도록 별도의 절차를 마련할 필요가 있습니다.
   - 조사는 공정성 및 신뢰성 확보를 위하여 감사가 조사를 직접 실시하고 이사회에 보고하도록 별도 체계를 갖출 필요합니다.
   - 이 경우 감사는 회사의 비용으로 외부 전문가 등을 참여시키거나 외부 기관에 의뢰하여 조사를 수행할 수 있도록 하는 것이 적절합니다.

4. 조사자(위원)은 비밀유지 서약서를 작성하고, 조사 내용에 대하여 비밀을 유지해야 합니다.
   - 피조사자 역시 비밀유지 서약서를 작성해야 하고, 조사자(위원)가 조사 개시 전에 비밀유지에 관하여 충분히 설명하여야 합니다.

5. 조사과정 중 피해자 보호를 위하여 피해자의 요청사항을 확인하여 근무장소 변경, 휴가부여 등 조치를 하여야 하며, 이 때, 다만 피해자의 의사에 반하는 조치를 하여서는 안됩니다.
   - 다만, 〈조사과정 중 피해자 보호조치의무 위반〉에 대해서는 사용자의 조치의무 중 유일하게 처벌규정이 없습니다.

6. 대면조사를 진행하는 경우 조사의 공정성 등을 위해 조사자(위원) 2명이 참여하는 것이 바람직합니다.

7. 조사 순서는 피해자 → 참고인 → 행위자 순으로 진행합니다.
   - 부득이한 경우 서면조사 등으로 진행할 수도 있으나, 당사자 조사는 대면조사를 원칙으로 합니다.

8. 직장 내 괴롭힘 판단기준을 고려하여 관련자 조사를 수행하고, 조사결과 직장 내 괴롭힘 해당 여부에 대한 조사자(위원회)의 의견을 조사보고서에 기술하는 것이 바람직합니다.
   - 조사 과정에서 확인할 사항은 아래와 같습니다.

> ◦ 사건의 경위
> ◦ 피해자, 행위자 인적사항 및 당사자 관계
> ◦ 괴롭힘 행위의 반복성 또는 지속성 여부
> ◦ 행위로 인한 피해자의 피해 정도
> ◦ 조사과정에서의 피해자 요청사항

- ◦ 괴롭힘 인정 후 행위자 조치에 관한 피해자 의견
- ◦ 직접증거 및 정황증거(목격자, 이메일, 녹음, 메신저 대화내용, 일기, 치료기록 등) 검증

9. 업무상 적정범위 초과 관련, 문제된 행위가 업무상 필요성이 인정되는 행위인지를 판단하기 위한 조사를 위하여,
   - 상급자 또는 행위자의 직무에 대하여 잘 알고 있는 임・직원을 참고인으로 조사할 수 있습니다.

10. 조사하는 과정에서 피해자 또는 다른 참고인이 피해자 외에도 행위자에게 직장 내 괴롭힘을 당한 다른 피해자가 있다고 진술하는 경우, 그것이 또 다른 직장 내 괴롭힘 발생 사실을 신고하는 취지인지 확인하여야 합니다.
    - 신고하는 취지가 맞는 경우 별건으로 사건을 접수한 후 해당 피해자 상담을 통하여 진행 중인 사건 내용에 추가하여 조사를 원하는지 등의 의사를 확인하여야 합니다.
    - 만약 별건을 신고하는 취지가 아니라 하더라도 행위자의 습성 등을 파악하기 위하여 진술 속의 또 다른 피해자를 참고인으로 조사하면서 별건 신고의사를 확인할 필요가 있습니다.

Q & A 48

직장괴롭힘 사건 정식조사 착수 前 '사전준비사항'에는 어떠한 것이 있는지?

사전준비 항목	내용
조사자 선정	◦ 조사자에 대한 위임장
조사기간	◦ 신속한 조사 (고용노동부 권장기간 : 조사기간 2주)
사전 파악	◦ 피해자과 행위자 관계 ◦ 행위자 행위배경 ◦ 피해자 상황
증거확보 탐색	◦ 카톡, 이메일, 녹취물, CCTV, 일기, 메모장 등
참고인 선정	◦ 객관적, 중립적 인물 선정
인터뷰 대상 확정 및 대상자별 인터뷰 일정	◦ 피해자-참고인-행위자 순서

Q & A 49

인터뷰 또는 서면질문 시 질문기법에는 어떤 것이 있는지?

1. 질문과 경청의 기본 자세

구분	질문	경청
요령	1. 전체의 개요를 먼저 말하고 2. 한번에 하나씩 3. 구체적으로 4. 시작할때는 열린 질문 5. 마무리할때는 닫힌 질문	1. 존중하는 마음으로 2. 대답에 반응을 보이고 3. 핵심을 잡아서 4. 기록한 뒤 확인하고 5. 감사를 표시한 뒤 마무리한다

2. 질문 유형

질문 유형	내용	예시
개방형 질문	◦ 상황파악에 풍부한 정보 입수 가능	◦ 피신고인이 신고인에게 〈언제〉〈어디서〉〈어떻게〉〈왜〉 폭언하였는지요? 6하 원칙(5W1H)에 따라 구체적으로 진술해 주세요.
폐쇄형 질문	◦ 정확하고 구체적인 사실관계 파악 가능 ◦ 예/아니오 답변을 구하는 방식	◦ 피신고인이 신고인이 2022.8.16. 10시경 회사 사무실에서 폭언한 사실이 있었습니까? ◦ 당시 상황을 목격한 사람이 있었습니까?
반복질문	◦ 진술의 일관성	◦ 동일한 질문에 대해 1차 인터뷰 때는 "그러한 행위를 했는지 기억이 나지 않는다"고 진술하였는데, 2차 인터뷰 때는 "그러한 행위를 하지 않았다"라고 진술하였다면, 진술의 신빙성이 떨어진다고 볼 수 있습니다.
교차질문	◦ 진술의 객관성(신고인과 피신고인 각 진술의 교차질문)	◦ 상대방 입장에서는 폭언이었다(또는 아니었다)라고 주장할 수 있을텐데, 본인 입장에서 폭언이 아니었다(또는 이었다)라는 것을 뒷받침할 수 있는 것이 있나요?

3. 개방형 질문과 폐쇄형 질문(예시)

개방형 질문	폐쇄형 질문
◦ "그러고 나서 무슨 일이 있었나요"	◦ "그리고 그 사람이 괴롭혔나요"
◦ "그에 대해 본인은 무슨 말이나 행동을 하셨나요"	◦ "그리고 하지 말라고 하셨나요"
◦ "그런 행동에 대해 어떻게 느끼셨나요"	◦ "그래서 괴로우셨나요"
◦ "그 이후 일을 할 때 어떠셨나요"	◦ "그래서 근무환경이 나빠지셨나요"

4. 문답서와 질문서

① 문답서

- 사건과 관련된 사람을 조사하면서 조사자의 질문과 피조사자(신고인, 참고인, 피신고인 등)의 답변을 '꼬리에 꼬리를 무는 문답'식으로 서술한 문서

<문답서 : 신고인>

문 : '피신고인이 신고인에게 언제 어디서 어떻게 만나자고 했습니까?
답 : 3.17. 16시 경 6층 회의실로 오라고 카톡으로 연락이 왔었습니다.

문 : 그 카톡 문자를 보여줄 수 있습니까?
답 : 4월 경 핸드폰 기기를 교체하는 바람에 카톡기록이 없습니다.

문 : 핸드폰 기기를 교체할 때 옛날에 쓰던 기기를 어떻게 하셨나요?
답 : 집에 보관 중입니다.

문 : 보관 중인 옛날 핸드폰 기기를 복원하여 그날짜 카톡문자를 스

캔하여 보내주시기 바랍니다. 3.17. 16시 경 6층 회의실에 갔을 때 옆에 누가 있었나요?

답 : 아무도 없었습니다.

문 : 피신고인은 구체적으로 무슨 말을 했나요?

답 : 따짜고자 욕설을 했습니다.

문 : 욕설의 구체적 내용은?

답 : 야이 ×××야, 그 따위로 일해놓고 무슨 염치로 회사를 다녀, 너 같은 놈은 당장 나가. 안나가면 죽여버릴거야 등 입에 담을 수 없는 욕설을 퍼부었습니다.

문 : 대략 몇분간 그러한 폭언이 지속되었나요?

답 : 대략 15분 정도였습니다.

문 : 폭언을 듣고 신고인은 피신고인에게 어떻게 대응 했습니까?

답 : 너무 충격을 받고 아무 말도 할 수 없었습니다.

문 : 폭언 후 누가 먼저 회의실을 나갔습니까?

답 : 피신고인이 화가 안풀렸는지 씩씩거리면서 문을 박차고 나갔습니다.

문 : 신고인은 어떻게 했습니까?

답 : 너무나 충격을 받고 한참 울다가 17시 경 저의 사무실로 돌아왔습니다.

문 : 사무실로 돌아 온 후에 옆에 동료에게 이 사실을 이야기 했습니까?

답 : 비참한 생각에 아무에게도 이야기하지 않았습니다.

문 : 그 날 퇴근을 몇 시에 하였나요?

답 : 18시에 퇴근하면서 다음 날인 3.18. 연차사용신청을 하였습니다.

* 신고인 3.17. 연차신청 및 3.18. 사용여부 확인

<문답서 : 참고인(신고인과 동일사무실 옆자리 동료)>

문 : 3.17. 16시 경 신고인이 자리를 이석한 후 1시간 가량 후에 귀석한 사실이 있는지요?

답 : 네 기억납니다.

문 : 현재 5월 20일 인데, 2개월 전 일을 정확하게 기억하고 계시는데, 특별히 기억나는 이유가 무엇인지요?

답 : 신고인이 1시간 가량 자리를 비워 이례적이라고 생각하였고, 신고인이 자리에 돌아왔을 때 얼굴이 매우 침울하였고, 눈물자국이 보였기에 '무슨 일이 이었나 보다'하고 생각하였습니다.

문 : 참고인은 신고인에게 어떻게 했습니까?

답 : 무슨 일이 있었느냐고 신고인에게 다그치며 물었습니다.

문 : 그 때, 신고인이 뭐라고 하던가요?

답 : 아무런 말을 하지 않았습니다.

② 곤란한 질문 또는 상반된 정황 제시에 대한 답변거부 시, 문답서 작성 요령

문 : 피신고인은 2022.8.4. 14시 경 6층 회의실에서 신고인과 면담한 사실이 있습니까?

답 : 예. 있습니다.

문 : 당시 피신고인은 신고인에게 무슨 말을 하였습니까?

답 : 정확히 기억나지는 않으나 업무소홀에 대해 "향후에는 잘해보자"는 취지로 이야기하였던 것 같습니다.

문 : 신고인의 업무소홀의 구체적 내용은 어떤 것이었습니까?

답 : 신고인은 매사에 불성실한 사람입니다

문 : 업무소홀의 한 가지 사례만이라도 말씀해 보세요.
답 : (식은 땀을 흘리며 약 20초 정도 침묵하면서 답변을 거부하다)

문 : 피신고인이 신고인에게 "향후에는 잘해보자"라고 언급하였을 때 신고인은 뭐라고 대답하던가요?
답 : 기억이 나지 않습니다.

문 : 당시 피신고인은 신고인에게 화를 내며 "××같은 놈아"라고 언급한 사실이 있습니까?
답 : 그런 말을 한 사실이 없습니다.

문 : 당시 면담장소(6층 회의실) 옆 사무실 근무자들의 증언에 따르면 당시 6층 회의실에서 누군가 크게 ××같은 놈아, ××야 등 소리가 났다고 하던데요?
답 : (피신고인은 갑자기 흥분하며 화를 내며 답변을 거부하다)

③ 질문서

- 조사자의 일방적 서면질문 문항에 대해, 피조사자가 추후 자필로 답변서 기재후 회신하여 완성되는 문서
- 주로 최초 문답서에서 모순되거나 미진한 사항 발견 시, 추가적으로 사용되며, 질문 문항의 선정 및 배열이 매우 중요하므로 조사자는 매우 치밀하게 질문 문항 작성하여야 합니다.
- 대면조사가 불가능할 경우에는 예외적으로 피조사자들(신고인, 참고인, 피신고인) 대상으로 문답서 방식을 생략하고, 곧바로 질문서 방식을 사용할 수도 있습니다. 이 경우에는 질문

서만으로 사실관계 확인이 드러나야 하므로 질문문항 선정 및 배열이 매우 중요합니다.

<질문서 : 신고인>

문 : 피신고인이 3.17. 이전에도 신고인에게 폭언한 사실이 있었나요? 있었다면 구체적으로 그 시기와 장소, 폭언 내용을 기술하여 주시기 바랍니다.

답 :

문 : 피신고인이 신고인에게 폭언하는 이유는 무엇이라고 생각하시는지요?

답 :

문 : 신고인이 피신고인에게 바라는 것은 무엇인지요?

답 :

Q&A 50

직장괴롭힘 행위 조사 시 유의사항은?

1. 조사대상자별 일반적 유의사항은 어떤 것이 있는지?

조사 대상자	유의사항
신고인 (피해자)	◦ 피해자 보호원칙 및 비밀보장 약속, 확인 ◦ 직접 경험한 사건 개요 진술 ◦ 직장 내 괴롭힘으로 인해 겪고 있는 고충 진술 ◦ 심리적 상태에 따라 진술범위 속도조절

조사 대상자	유의사항
참고인	◦ 피해자 보호를 최우선으로 하여 피해자를 지원하도록 조력 ◦ 사건이 왜곡·확대되지 않고 비밀유지에 주의를 기울리도록 조력 ◦ 확인되지 않은 정보에 대해 말하지 않도록 조력 ◦ 피해자에 대한 악의적인 소문이 들릴 때 즉시 중지시키도록 조력 ◦ 상급자 조사 시 1차적 해결 열쇠는 상급자임을 인식하도록 조력 ◦ 행위자를 동정하는게 행위자에게 도움이 되지 않음을 인식하도록 조력
피신고인	◦ 직장 내 괴롭힘 행위로 지목된 경우, 의도가 중요한 것이 아니라, 객관적 사실행위 여부가 중요하다는 것을 안내 ◦ 조사에 성실히 임할 의무가 있음을 안내 ◦ 피해자에게 유·무형의 보복이나 압력을 행사하지 않아야 함을 고지 ◦ 만약 행위자에 의해 피해자 신원 공개, 악소문, 2차 가해가 이루어 질 경우, 추가로 조사 및 처벌될 수 있음을 안내

2. 조사면담과 관련, 개인정보 제공 및 활용 동의서를 받아야 하는지?

① 조사면담을 하게 되면 통상 질의 응답내용을 기재한 문답서를 작성하게 되는데, 동 문답서를 사내징계 등 후속조치를 위해 공개적으로 활용하면 사실관계에 따라 개인정보 보호법 위반 문제가 발생할 수도 있습니다. 조사주체는 개인정보보호법상 개인정보처리자로 인정되고 면담 대상자로부터 취득한 대상자에 관

한 정보는 개인정보로 인정될 여지가 높기 때문입니다.

② 조사주체가 적법하고 공정한 조사를 위해, 이러한 개인정보보호법 위반 결과가 발생되지 않도록 필요한 조치를 취해야 함은 당연합니다. 따라서 조사면담 시 대상자로부터 개인정보 제공 및 활용에 관한 개별 동의서를 받는 것을 내부조사의 원칙으로 정해서 실천하는 것이 바람직하고, 법적으로 가장 안전합니다.

③ 즉, 일반적으로 조사면담 요청에 자발적으로 응한 직원들이 향후 문답서 활용을 문제 삼을 가능성은 낮지만, 조사면담과 관련해 개인정보 수집 및 활용에 관한 개별 동의를 받는 것을 표준적 절차로 하는 것이 적절합니다. 이때 개별적 동의 방법으로는, 문답서 작성 후 조사면담 관련 유의사항(조사면담 진행 사실 및 내용 외부 누설 금지 등)을 알리면서 그에 동의하는 자필서명을 받는데, 이때 조사면담에서 취득된 개인정보에 관해 제공 및 활용 동의도 특정해서 받는 방법이 자연스러울 것입니다.

④ 단, 조사면담 성격, 대상자의 적대적 태도 등과 관련, 개별 동의서를 받는 것이 적절하지 않거나, 받지 못하는 경우도 있습니다. 이때에도 원칙적으로 조사면담을 그대로 진행하되, 개별 동의서 미수령이 문답서 활용을 통한 실체적 진실의 발견에 제약이 되지 않도록 해당 조사면담을 적절히 활용하는 방안을 찾기 위해 사후적으로 노력해야 합니다.

⑤ 예컨대, 우선 감사 등 회사 업무 수행을 위해 개인정보를 수집하거나 활용할 수 있다는 포괄적 동의가 입사절차 과정에서 이미

이뤄진 것이 아닌지 확인하는 것이 필요합니다. 만일 이러한 동의를 얻은 점이 확인된다면, 별도로 대상자로부터 문답서의 활용에 대해 동의를 받을 필요가 없는 경우도 있습니다. 대상자가 활용에 반대하는 부분을 제외하고 문답서를 작성하는 것을 제안하거나, 별도의 진술서를 제출하도록 하는 방안을 통해 대상자를 시간을 두고 설득하는 방법도 생각할 수 있습니다.

3. 조사면담 시 다른 대상자가 언급한 내용을 활용할 수 있는지

① 실무적으로 조사주체는 풍부한 진술을 유도하기 위해 다른 조사면담 대상자가 언급한 내용을 인용하면서 질문하는 경우가 있습니다. 현실적으로 이렇게 조사면담을 진행하지 않으면 대상자는 굳이 새롭고 구체적 진술을 할 필요를 느끼지 못해 의미 있는 진술을 하지 않는 경우도 많습니다.

② 그런데 조사면담 시 다른 대상자 면담내용을 조심성 없이 활용하면, 조사상 비밀유지의무 위반의 법적 문제가 제기될 수 있습니다. 법적 문제를 떠나, 조사주체는 대상자에 대해 관련 내용을 기밀로 할 것을 요구하면서 막상 조사주체는 대상자가 어렵게 밝힌 민감한 진술내용을 함부로 활용하면, 대상자의 조사주체에 대한 신뢰가 떨어져서 전반적으로 내부조사에 지장이 초래될 수도 있습니다.

③ 이러한 사정을 고려할 때, 조사주체는 누가 어떤 내용의 발언을 했는지는 구체적으로 언급하지 않고, 조사 진행에 필요한 한도

내에서 추상적으로 사건 맥락을 설명하는 것이 적절합니다. 아울러 조사면담 후 개인정보 관련 동의서를 받을 때 사내조사에 필요한 한도 내에서 제공한 정보가 사용될 수 있다는 점을 동의서에 포함하는 것이 필요할 것입니다.

4. 대상자의 문답서 등 조사자료 제공 내지 공개 요청에 응해야 하는지?

① 대상자, 특히 징계대상 행위를 저질렀다고 의심받는 직원은 향후 법적 조치에 대한 대응을 위해 본인 또는 제3자의 문답서 사본을 교부해 달라고 하거나 조사자료의 공개 내지 제공을 요구하는 경우가 흔합니다. 이 경우 적절한 대응방법이 문제가 됩니다.

② 통상 대상자가 서명 전 본인의 문답서를 열람하고 검토, 수정할 수 있는 기회는 절차적 공정의 차원에서, 또 문답서 신빙성 및 증명력을 높이기 위해 부여하는 것이 필요하고 또 적절합니다. 그러나 이를 넘어선 문답서 또는 조사자료 공개는 신중할 필요가 있습니다. 즉, 조사면담과 그 이후 문답서 작성, 조사자료 수집은 어디까지나 인사처분이나 법적 책임의 추궁 여부를 정하기 위한 것이며, 외부 공표나 대상자 제공을 위한 것이 아닙니다. 특히 문답서 사본은 일단 교부되면 쉽게 배포돼 내부조사에 관한 비밀의 관리와 유지가 어렵고 사내질서가 문란해질 염려도 있습니다. 따라서 조사주체가 이러한 요구에 응하지 않는 것이 통상의 실무이며, 그러한 실무는 적절하다고 하겠습니다.

③ 단, 핵심 진술을 할 대상자의 강력한 요청이 있고, 제반 사정상 비밀유지 등 문제가 없다면 원활한 내부조사를 위해 전향적으로 문답서 사본 제공 등을 고려해야 하는 예외적 상황도 있을 수 있습니다. 이 경우에도 부작용을 최소화 할 수 있는 방안을 찾아야 합니다. 예컨대, 사내조사가 진행되는 기간 동안 민감한 내용의 외부 유출 등으로 조사 활동에 지장이 있다는 점을 적절히 설명하고 내부조사 종료 또는 징계 절차 후로 공개시기를 연기하거나, 사본 교부는 거부하되 언제든지 열람이 가능하다고 설득하는 방안도 고려해야 합니다.

④ 한편, 조사주체가 조사자료를 공개하지 않더라도, 내부조사에 이은 징계 후 대상자가 불복해 노동위원회 구제신청이 이루어진 경우, 노동위원회는 조사주체가 보유한 문답서 등의 제출을 요구할 수 있고, 이 경우 원칙적으로 그 제출에 응해야 합니다. 이 경우 문답서 등은 소위 '노위증'으로 분류돼 대상자에게 즉각 공개되지 않지만, 향후 정보공개청구에 의해 대상자에 공개될 염려를 완전히 배제할 수는 없습니다. 따라서 조사주체는 문답서 등이 조사주체 의사와 무관하게 외부 공개될 가능성을 염두에 두고, 처음부터 문답서 등에 부정확하고 오해 소지가 있는 내용, 불필요한 내용이 담기지 않도록 유념할 필요가 있습니다.

Q&A 51

피신고인이 대면조사를 거부할 경우, 신고인의 주장대로 직장괴롭힘을 인정해도 되는지?

피신고인이 대면조사를 거부할 경우에는 '서면조사' 방법을 택할 수 있으며, '서면조사'도 거부 시에는 피신고인의 조사불응으로 인한 불이익에 대한 책임을 스스로 져야 한다는 점을 고지하고 결과보고서에도 이러한 사실을 기재하는 것이 바람직합니다.

신고인과 참고인 조사 및 관련 근거자료 등을 종합하여 사실관계를 확정할 수 있다면, 피신고인에 대한 조사가 없더라도 조사결과를 보고할 수 있습니다.

Q&A 52

인터뷰대상자 등에게 '비밀유지서약서'를 징구해야 하는 이유는 무엇인지?

1. 조사의 객관성, 공정성 담보

인터뷰 내용이 유출될 경우, 가해자 입장에서 대응논리 개발 등 조사과정의 객관성, 공정성 문제가 야기될 수 있기 때문입니다.

2. 비밀누설자에 대한 행정벌, 민사책임, 징계책임

① 행정벌(과태료)

- 근로기준법 제76조의3 제7항에는 “제2항에 따라 직장 내 괴롭힘 발생 사실을 조사한 사람, 조사 내용을 보고받은 사람 및 그 밖에 조사 과정에 참여한 사람은 해당 조사 과정에서 알게 된 비밀을 피해근로자등의 의사에 반하여 다른 사람에게 누설하여서는 아니 된다”라고 규정하고 있으며, 이를 위반 시 500만원 이하의 과태료가 부과될 수 있습니다.

② 징계책임

③ 민사책임

3. 민법 756조 사용자책임

이 사건 직장괴롭힘 조사자는 이 사건을 조사하던 초기에 피해자인 원고의 사회적 가치나 평가를 침해할 수 있는 내용의 발언을 하였다. 이는 그 발언 내용이 단순한 의견 표명인지 간접적이고도 우회적인 방법에 의한 사실의 적시인지 여부와 상관없이 직장 내 성희롱 사건의 조사수행자가 지켜야 하는 의무를 저버린 위법한 행위이다. 따라서 피고는 민법 제756조에 따라 이 사건 직장괴롭힘 조사자의 사용자로서 이 사건 직장괴롭힘 조사자의 위 사무집행에 관한 불법행위로 인하여 직장괴롭힘 피해자가 입은 정신적 손해를 배상할 책임이 있다(대법 2017.12.22, 2016다202947 판결 원문 인용).

Q & A 53

'비밀유지 등 서약서' 작성 대상자 및 포함되어야 할 사항은 무엇인지?

1. 작성대상자

직장 내 괴롭힘 발생 사실을 조사한 사람, 조사 내용을 보고받은 사람 및 그 밖에 조사 과정에 참여한 사람

2. '비밀유지 등 서약서'에 포함되어야 사항

○○○는 신고인(피신고인, 참고인) 으로서 아래의 사항을 지킬 것을 서약합니다.

① 조사과정에서 알게된 일체의 비밀
② 사건 내용 및 신고인 신상 정보에 관한 비밀유지
③ 조사기간 중 신고인 및 참고인에 대한 사적 접촉 금지
④ 신고인 및 주변인에 대한 보복행위 금지
⑤ 위반 시 책임

'해당 조사 과정에서 알게 된 비밀'을 누설할 경우, 민・형사, 징계책임 등 어떠한 처벌도 감수할 것을 서약합니다.

Q & A 54

'직접증거'와 '정황증거'의 차이는?

1. 직접적 증거란, 사실에 대한 유추(inference)나 추정이 필요치 않은, 직접적으로 사실의 진실을 증명할 수 있는 증거를 말합니다. 예를 들어 밤에 눈이 오는 것을 보고 아침에 우체통에 우체부가 우편을 넣는 것을 직접 보았으면 우체부가 우편배달을 했다는 사실을 직접 증명할 수 있습니다.

2. 반면에 간접증거란, 밤에 잠을 자느라고 눈이 내리는 것을 보지 못했는데 아침에 우체통 앞 눈 위에 발자국이 선명하고 우체통 내에 우편물이 들어 있는 것을 보면 직접 목격은 하지 못했지만 눈이 내린 후 아침에 우체부가 다녀갔다는 사실을 유추할 수 있고 누구라도 믿을 수 있는 정황적 증거가 된다는 것입니다.

3. 또한, 직접증거란 입증돼야 하는 사실에 직접적, 또 즉시 적용하되 중간에 개재되는 사실(intervening facts)이나 절차(process) 없이 적용할 수 있는 증거입니다. 예를 들어 살인사건에 증인이 직접 치명적 행위를 피해자에게 가하는 것이나 독극물을 투여하는 것을 보았다고 증언하는 것입니다. 반면에 정황증거는 원래 사실을 입증하기 위해 간접적으로 또는 추가 사실을 매개체로 사용하여 적용하는 증거입니다.

4. 쉽게 말해 제1이라는 사실을 입증하기 위해 제2 또는 제3의 사실을 통해 유추·적용할 수 있는 증거를 말합니다. 정황증거의 효력은 먼저 한 가지 이상의 원래 사실을 뒷받침하는 부수 사실이 존재해야 하며 이 부수 사실들이 객관적으로 입증하고자 하는 제1차 사실과 밀접하게 관계가 있어 연역법(deduction)으로 유추할 수 있는 과정이 존재하여 설득력 있게 사실이 입증될 만한 객관성이 성립돼야 한다는 것입니다.

5. 그러나, 형사사건과 달리, 직장 내 괴롭힘 사건에서는 정황증거만으로도 '고도의 개연성' 인정될 수 있다고 할 것입니다.

Q&A 55

객관적 증거가 없을 경우, '고도의 개연성'만으로 직장괴롭힘 행위를 인정할 수 있는지?

[대법 2018.4.12, 2017두74702]

1. 성희롱을 사유로 한 징계처분의 당부를 다투는 행정소송에서 징계사유에 대한 증명책임은 그 처분의 적법성을 주장하는 피고에게 증명책임이 있다. 다만 민사소송이나 행정소송에서 사실의 증명은 추호의 의혹도 없어야 한다는 자연과학적 증명이 아니고, 특별한 사정이 없는 한 경험칙에 비추어 모든 증거를 종합적

으로 검토하여 볼 때 어떤 사실이 있었다는 점을 시인할 수 있는 '고도의 개연성'을 증명하는 것이면 충분하다. 민사책임과 형사책임은 그 지도이념과 증명책임, 증명의 정도 등에서 서로 다른 원리가 적용되므로, 징계사유인 성희롱 관련 형사재판에서 성희롱 행위가 있었다는 점을 합리적 의심을 배제할 정도로 확신하기 어렵다는 이유로 공소사실에 관하여 무죄가 선고되었다고 하여 그러한 사정만으로 행정소송에서 징계사유의 존재를 부정할 것은 아니다(판결 원문 인용).

2. 법원이 성희롱 관련 소송의 심리를 할 때에는 그 사건이 발생한 맥락에서 성차별 문제를 이해하고 양성평등을 실현할 수 있도록 '성인지 감수성'을 잃지 않아야 한다(양성평등기본법 제5조제1항 참조). 그리하여 우리 사회의 가해자 중심적인 문화와 인식, 구조 등으로 인하여 피해자가 성희롱 사실을 알리고 문제를 삼는 과정에서 오히려 부정적 반응이나 여론, 불이익한 처우 또는 그로 인한 정신적 피해 등에 노출되는 이른바 '2차 피해'를 입을 수 있다는 점을 유념하여야 한다. 이와 같은 성희롱 피해자가 처하여 있는 특별한 사정을 충분히 고려하지 않은 채 피해자 진술의 증명력을 가볍게 배척하는 것은 정의와 형평의 이념에 입각하여 논리와 경험의 법칙에 따른 증거판단이라고 볼 수 없다(판결 원문 인용).

3. 신고인의 진술에 대해 '그와 같은 사실이 있었다는 점이 인정될 정도'의 '고도의 개연성'이 인정된다면 아무리 피신고인이 신고인의 진술에 상반되는 항변을 한다고 하더라도 신고인의 진술이 갖는 증명력을 무시해서는 안된다(대법 2018.4.12, 2017두74702 판결 원문 인용).

Q&A 56

합리적 의심(Balance of probabilities)이란?

1. 합리적 의심(Balance of probabilities)의 개념

합리적 의심(Balance of probabilities)이란, 조사결과 명확한 입증이나 증거가 없어서 조사자 또는 위원회에서 '그럴 가능성이 높다'라는 기준에 따라 직장괴롭힘 해당여부를 판단한다는 논리를 말합니다.

2. 합리적 의심(Balance of probabilities) 내용(예시)

옛날에 한 젊은이가 머슴살이를 떠나면서, 몇 년동안 끼니를 굶어가며 모은 돈 100냥(현재가치 : 약 5,000만원)을 마을의 한 노인에게 맡기며 가을까지 보관해달라고 부탁하였다.

가을이 되어 젊은이가 돌아와 맡겼던 돈을 돌려달라고 했더니 욕심많은 노인은 내가 언제 자네 돈을 받은 일이 있느냐고 딱 잡아떼는

것이었다. 그래서 젊은이는 하는수 없이 이 일을 고을의 판관에게 심판해 달라고 제소하였다.

판관은 두 사람을 불러놓고 묻기 시작하였다.

"영감, 당신은 이 젊은이의 돈을 받은 일이 있소?"

"아닙니다. 그런일이 전혀 없습니다."

노인이 손을 저으며 대답하였다.

"젊은이, 자네가 돈을 맡겼다는 증거나 증인이 있는가?"

판관이 다시 젊은이에게 물었다.

"없습니다."

젊은이는 머리를 저으며 맥없이 대답하였다.

"자넨 돈을 어디서 이 영감에게 맡겼는가?"

"큰 소나무 밑에서 맡겼습니다."

라고 젊은이가 대답하였다.

"이건 모함입니다. 그 어디에서도 저 사람의 돈을 맡은 일이 없습니다."

노인은 큰 소리로 말하였다.

"증인도 없이 자네가 돈을 맡겼다는 것을 누가 증명한단 말이냐? 그럼 그 소나무한테 가서 증명서를 받아오너라!"

판관은 젊은이에게 엄명하였다.

소나무가 어떻게 증명서를 쓸 수 있겠는가? 영감은 속에서 웃음이 나오는 것을 꾹 참으며 정색을 하고 있었다. 젊은이가 떠난 지 거의 30분이 지났다.

판관은 영감을 보고 상냥하게 웃으면서,

"이젠 소나무한테로 거의 갔겠습니까?"

라고 물었다.

"천만에요, 아직 멀었습니다."

노인이 즉시 대답하였다.

거의 한 시간이 지난 후에,

"한 시간이 지났으니 소나무한테로 다 갔겠지요?"

하고 판관이 묻자 노인은

"예, 이제 도착하였을 겁니다."

라고 대답하였다.

거의 두 시간이 지나서 맥없이 돌아온 젊은이는 판관 앞에서 머리를 숙인 채 아무런 말도 못하고 있었다. 영감은 "돈 100냥을 땀 한 방울 흘리지 않고 떼어 먹었어."라고 생각하니 마음이 흐뭇하였다.

그런데 갑자기 판관이

"이 몹쓸 영감!"

하고 추상같은 호령을 치는 것이었다.

Q&A 57

직장괴롭힘 사실관계 조사 사례 : 폭언 등

1. 신고인(피신고인의 부하직원) 주장

- 피신고인 팀장은 부하직원인 신고인에게 욕설을 한적은 없으나, 대화 중 트러블 발생 시, '야, 너, 너는 말야 그래서 안돼.' 등 폭언을 하였으며, 2021.6. 경 '나도 나이가 43세이고 한 집안에 가장이니 〈너〉라는 말투를 삼가해 달라'고 요구하였음에도 이러한 말투를 계속 사용하였다.
- 2021.11.5. 아침 8시40분 경, 신고인은 업무와 관련하여, 피

신고인과 면담 시, 피신고인이 신고인의 말을 귀담아 듣지 않자, 신고인은 피신고인에게 "나이가 저보다 11살 많으시지요? 54세면 54세처럼 행동하세요."라고 말했음에도 피신고인은 나이답지 못한 행동을 계속하였다.

2. 사실관계 확인 체크포인트

① '야, 너, 너는 말야 그래서 안돼.' 등 폭언을 한 사실(언제, 어디서, 어떻게, 왜)

② 2021.6. 이후에도 '야, 너, 너는 말야 그래서 안돼.' 등 폭언을 한 사실

③ "나이가 저보다 11살 많으시지요? 54세면 54세처럼 행동하세요."라고 말한 사실

④ 피신고인이 신고인에게 행한 '나이답지 못한 행동'이 구체적으로 무엇인지

3. 참고인 진술

- 〈참고인 김○○〉 : 2017. 2. - 현재까지 신고인과 함께 근무하면서, 피신고인이 신고인에게 욕설하는 것은 본 적이 없으며, 피신고인이 신고인에게 업무지시 및 진행과정 중에 언성이 높아져 〈야 너는 말야〉라는 표현을 사용하는 것을 1

회 목격한 적은 있다.

- 〈참고인 이○○〉 : 업무수행 과정에서 언쟁이 있을 때 피신고인이 신고인에게 〈야〉〈너〉라고 호칭하는 것을 2번 정도 들은 바 있다. 욕설로 느껴지는 단어는 들은 바 없다.
- 〈참고인 박○○〉 : 피신고인이 신고인에게 〈욕설〉을 하거나, 〈야, 너는 말야 그래서 안돼〉라고 하는 말투를 사용하는 것은 들어본 적 없다.

4. 피신고인(신고인의 상급자) 주장

- 직장생활 20년 넘게 하면서 하급자에게 욕설은 한 번도 한 적이 없다. 다만, 2017년 경부터 신고인과 함께 근무하면서, 11세 많은 연장자로서 친근감의 표시로서 〈너〉라는 호칭을 사용한 바 있으며, 신고인의 업무태도를 충고하는 과정에서 '야, 너, 너는 말야.' 등 표현을 한 적이 1~2차례 있었다.
- 2021.6. 경 신고인이 '나도 나이가 43세이고 한 집안에 가장이니 〈너〉라는 말투를 삼가해 달라'고 요구하여 그 이후로는 〈너〉라는 호칭을 사용한 바 없으며, 〈김 과장〉 또는 〈김○○씨〉라는 호칭을 사용하며, 신고인에게 존대말을 하고 있다.
- 2021.11.5. 아침 8시40분 경, 신고인의 업무와 관련한 면담시, 신고인에게 '본인의 업무를 여타 직원에게 전가하지 말

라'고 하자, 신고인은 오히려 피신고인에게 "나이가 저보다 11살 많으시지요? 54세면 54세처럼 행동하세요."라는 말하였으나, 신고인이 워낙 자신생각만 옳다고 생각하는 사람인지라 '그러려니'하고 참았다.

5. 사실관계 입증자료 :

2021.9.2. 회의 시 신고인과 피신고인 간 대화 녹취록

- 피신고인 : 자기들이, 본인들이 다 신경을 써야 된다는 거죠.
- 신고인 : 아, 예예. 맞습니다. 맞습니다. 아이. 맞습니다.
- 피신고인 : 중요한 게 뭔지 어떤게 1순위 인지 이런걸 생각해서 일을 하는게 제일 중요하다고 생각을 해요.
- 신고인 : 예예.
- 피신고인 : 그런 부분을 신경 써 주면 될 것 같고, 신고인이 얘기한 거는 이제 그렇게 해석하면 될 것 같아요.

6. 사실관계 확인

① 피신고인은 신고인에게 욕설을 한 적은 없으며, 2021. 6. 경 이전에는 업무지시 또는 업무수행과정에서 〈야, 너는 말야〉등의 표현한 사실이 가끔 있었음(횟수 미상)이 확인.

② 피신고인은 2021. 6. 경 그러한 표현을 삼가 달라는 신고인의

요청을 받고, '이러한 말투를 주의하겠다'라고 말한 후부터는, 위 입증자료○○(2022.2.19.자 카톡 대화) 및 입증자료○○(2021.9.2.자 회의 중 대화 녹취) 등을 감안하여 볼 때, 2021.6. 이후 신고인에게 존대말을 사용하고 있는 것으로 확인.

Q&A 58

직장괴롭힘 사실관계 조사 사례 : 통제 · 감시

1. 신고인 주장

- 피신고인은 2019.3.경. 신고인에게 '신고인이 다른 부서 직원 김○○에게 우리 팀 직원들 욕하고 다닌다'며 '다른 부서 직원 김○○를 만나지 말라'는 등 직장 내 누구를 만나고 이야기하는 것 등을 통제하고 감시하였다.
- 2021.11.8. 사무실에서 혼잣말로 '김○○ 대리는 나이(54세)를 ○구멍으로 먹었나'라는 말을 하였는데, 이틀(2일) 뒤에 피신고인이 부르더니, "'김○○ 대리(54세)는 나이를 ○구멍으로 먹었나'라는 말을 했냐"고 물었다. 그 말을 한 것은 사실이나 당시 박○○ 사원과 단 둘이 있었을 때였다. 결국 피신고인은 박○○ 사원을 통해 끊임없이 신고인을 감시하고 통제하였다.

2. 사실관계 확인 체크포인트

① 신고인이 다른 부서 직원 김○○에게 소속부서 직원들 욕한 사실

② 신고인이 소속부서 박○○ 사원에게 '김○○ 대리는 나이(54세)를 ○구멍으로 먹었나'라는 말을 한 사실

③ 피신고인과 박○○ 사원과의 개인적 관계

3. 참고인 진술

- 〈다른 부서 직원 김○○〉 : 신고인은 자신의 소속부서 직원들의 근무태도 불량 등에 대해 타인들에게 자주 언급하였으며, 가끔씩 이메일로 부서동료들에 대한 불만을 타부서 직원들에게 험담하기도 하였다.
- 〈소속부서 박○○사원〉 : 신고인은 소속부서 10세 연장자인 김○○ 대리(54세)를 자주 비하하는 발언을 하였다.

4. 피신고인 주장

- 신고인이 주변 사람들에게 우리 팀 직원들 부정적 험담을 많이 하고 다닌다는 이야기가 많이 들려오기에, 우리 팀 내부일에 대해서 얼마든지 내부적으로 소통하여 해결해야지 외부에 알리지 않는 것이 바람직하다는 차원에서 충고한 것이다.
- 신고인에게 누구를 만나고 안 만나고를 통제한 사실이 없으

며, 설령 누굴 만나고 안 만난다고 통제한다고 해서 신고인 이 그 말을 듣고 이행할 사람도 아니다.

5. 사실관계 입증자료

– 신고인이 다른 부서 직원 김○○에 보낸 '소속부서 직원들의 근무태도 험담' 이메일(발췌)

보내는 사람 : 신고인
받는 사람 : 다른 부서 직원 김○○
보낸 날짜 : 2022.4.10. 23:58:50

제 목 : 험담

…… 우리팀 직원들은 이 회사에서 꽃보직으로 보입니다.
별로 움직이지도 않고 모니터만 좀 보구.
사무실내 흡연, 자리이탈 등등
…… 이런 직원들을 내보내야 하는데 말입니다.

6. 사실관계 확인

① 신고인은 자신이 속한 부서에 대한 불만과 왜곡된 사실을, 다른 부서 직원 김○○에게 험담한 사실이 확인

② 다른 부서 직원 김○○도 동일하게 진술

Q & A 59

직장괴롭힘 사실관계 조사 사례 : 근무시간외 빈번한 연락

1. 신고인 주장

- 부서 당직 근무자가 처리해야 할 업무인데도 신고인에게 주말/야간 한밤 중에 자주 전화를 걸어 업무를 문의하였다. 피신고인 팀장에게 이는 시정해달라고 수차례 건의하였으나 시정되지 않았으니 이는 집단괴롭힘에 해당된다.

2. 사실관계 확인 체크포인트

① 신고인에게 주말 / 야간 핸드폰 발신 현황(2019.~2022.5)

② 통화 내용이 업무적인 것인지 여부

3. 참고인 진술(종합)

- 신고인에게 주말 / 야간 핸드폰 발신 현황(2019.~2022.5)

	주말 / 야간 핸드폰수신일자	발신자	통화내용
1	2019. 3(일자 미상)	이○○	업무문의
2	2019. 7. 6.	이○○	업무문의
3	2019. 7.(일자 미상)	김○○	업무문의
4	2020. 9.(일자 미상)	박○○	업무문의
5	2019. 8.(일자 미상)	김○○	업무문의

4. 피신고인 주장

- 피신고인은 한 번도 주말 / 야간에 신고인에게 전화한 적 없다. 당직 직원들이 주말 / 야간 근무시에 스스로 처리할 수 없는 특수상황에서 부득이 하게 신고인에게 문의전화하는 경우가 가끔 있는 것으로 알고 있다.
- 2020.3.31(화) 직원들에게 신고인에 근무시간외 통화를 자제할 것을 수시로 교육을 시행하였던 바, 2020.9. 이후 주말 / 야간에 전화한 사례는 전무하며, 향후에도 주말/야간에 전화를 금지하도록 직원들에게 지시하겠다.
- 입증자료 ○○ : 피신고인의 휴일 / 야간 통화금지 관련 교육일지

5. 사실관계 확인

① 당직근무자들이 업무상 필요성에서

② 2019.~2022. 5.간 주말 / 야간에 신고인에게 약 4~5회 정도 전화한 사실이 인정

Q&A 60

직장괴롭힘 사실관계 조사 사례 : 모욕, 비아냥

1. 신고인 주장

- 2021.6.25. 회식자리에서 피신고인은 '신고인이 분양받은 아파트가 올랐으니 청약을 권유한 직원 김○○에게 고맙다고 선물해 줬냐'며, '너가 그러니까 고마움을 모르는 사람이라고 소문이 돌아 내 귀에까지 들어온다. 네 아파트가 올랐는데 밥으로 퉁치면 그건 예의가 아니다'라고 하면서 부하 직원들 앞에서 비아냥거라며 신고인에게 모욕감을 주었다.

2. 사실관계 확인 체크포인트

① 2021.6.25. 회식 내역(참석자 등)
② 참석자들로부터 피신고인 발언내용 사실여부, 발언 당시 분위기
③ 피신고인 발언 후 신고인의 태도 등
④ 피신고인 발언에 대한 참석자 소감

3. 참고인 진술

- 〈김○○〉: "도움 준 사람에게 당연히 보답해야죠. 나라면 그러한 피신고인의 충고를 수용하겠다. 모욕감으로 느낄 수 있는 상황이 아니었다."

- 〈이○○〉: "피신고인의 충고 발언 당시, 신고인도 처음에는 '오, 그런가요'라고 수긍하였다. 그러고 나서 술이 들어가고 하니 다른 애기를 하던 중 신고인이 갑자기 그 애기(식사대접)를 다시 꺼내었다. 하지만, 비아냥거리지 않고 충고로서 '그렇게 하지 않으면 뒤에서 욕한다'라고 조언해준 것이라고 생각했다"
- 〈박○○〉: "당시 일반적 사람이라면 피신고인이 신고인에게 충고한 것이지 모욕으로 느끼지 않았을 상황이었다. '도움 준 사람에게 사례를 해야 한다'는 정도의 말이 오간 것으로 기억하고 있다."

4. 피신고인 주장

- 직장 상하관계로서가 아니라 사회생활 선배이자 연장자 입장에서, 인간관계에서 도움을 받았으면 도움 준 사람에게 식사대접이라도 하는 것이 인지상정이라고 좋은 뜻으로 한 이야기인데, 신고인이 마음에 상처를 받았다면 사과하겠다.

5. 사실관계 확인

① 2021.6.25. 회사근처 ○○식당에서 부서회식 사실 확인(총 참석자 8명)

② 참석자들로부터 피신고인 발언내용 사실 확인

③ 참석자 전원, 피신고인 발언 당시 신고인도 이의제기 없이 수용하는 분위기였다고 진술

④ 참석자 전원, 피신고인 발언 이후 신고인도 피신고인 발언에 대해 언급 사실없었다고 진술

⑤ 참석자 전원, 본인입장에서 피신고인 발언에 대해 '모욕'이 아니라 '충고'였다고 진술

Q&A 61

직장괴롭힘 사실관계 조사 사례 : 부서회식 미고지

1. 신고인 주장

- 2020.4.경 우연히 회계결의서 문서를 보다가, 2019.12.30.(월) ○○면옥에서 부서직원회식한 사실이 기재된 문서를 발견하였던 바, 자신은 당시 회식참석 연락을 받은 바도 없고 참석한 사실이 없으므로, 이는 자신을 집단적으로 왕따시킨 것이다.

2. 사실관계 확인 체크포인트

① 2019.12.30.(월) ○○면옥에서 부서 회식 사실

② 평소 부서회식 결정은 누가 하는지, 부서원들에게 회식고지는 누가, 어떻게 해왔는지

③ 2019.12.30.(월) ○○면옥에서 부서 회식 참석자 및 불참자

④ 신고인 외 불참자가 존재하였는지

⑤ 신고인에게만 회식고지를 하지 않았는지, 미고지 사유는 무엇인지

⑥ 신고인과 피신고인과의 평소 관계

3. 참고인 진술

- "2019.12.30.(월) ○○면옥에서 부서 회식이 있었던 것은 사실이나 신고인이 왜 불참하였는지는 오래전 일이라서 기억이 나지 않는다"

4. 피신고인 주장

- 당시 2020년도 회식비 예산이 많이 남을 것 같아서 12월 30일 오후에 급하게 회식한 것은 사실이다. 직원 누군가(기억나지 않음)에게 신고인에게 회식고지 연락할 것을 지시하였으나, 그 직원(기억나지 않음)이 실수로 신고인에게 연락하지 않은 것 같다. 이미 퇴근한 직원(신고인)을 불러내는 것도 이치에 맞지 않다고 생각하여 회식 도중에 연락하지 않았다.
- 2019년~2022년 간 부서 회식은 총 10회 시행하였는데, 그

중 9회는 신고인에게 고지하여, 신고인이 참석하였고, 신고인이 불참한 회식은 유일하게 2019.12.30. ○○면옥회식 단 1회 뿐이다.

5. 사실관계 확인

① 참고인 전원이 “2019.12.30.(월) ○○면옥에서 부서 회식이 있었던 것은 사실이나 신고인이 왜 불참하였는지는 오래전 일이라서 기억이 나지 않는다”고 진술

② 회사 각 부서별 잔여 회식예산을 소진코자 연말에 관행적으로 회식 시행

③ 피신고인 부서에서도 〈2019.12.30. 회식〉은 2019년도 남은 회식 예산을 서둘러 집행하느라 ‘실수로’ 신고인에게 사전 미고지 되었을 ‘고도의 개연성’ 존재

④ 2019년~2022년 간 피신고인 부서 회식은 총 10회 시행하였는데, 그 중 9회는 신고인에게 고지하여, 신고인이 참석하였고, 신고인이 불참한 회식은 유일하게 2019.12.30. ○○면옥회식 단 1회 뿐이라는 사실

⑤ 회식 당시 부서 총 인원 16명 중 참석자는 10명, 불참자는 신고인 포함 6명이라는 사실

⑥ 불참자 6명 중 신고인외 5명은 왜 불참하였는지 기억이 나지 않는다고 진술

Q&A 62

판례 상 직장괴롭힘 사실관계 확정 사례 : 성희롱

[광주지법 2020구합13189]

1. 징계 사유(1)

① 피해자 주장

- 2019.9.20. 5~6학년 간담회가 끝난 후 가해자는 □□ 식당 앞에서 자리를 끝내고 남은 교사들에게 인사를 하려던 중에 교사 김○○에게 다가가 포옹을 하려고 하였고, 김○○은 "저는 악수를 하겠습니다"라고 말하자 김○○의 손을 잡으면서 악수를 하였고, 다시 한 번 김○○에게 와서 포옹을 하려고 하였고, 이를 거부하자 김○○에게 "한 번 안아주면 안되나?"라고 말한 사실이 있다.

② 가해자 주장

- 피해자 주장과 같은 말을 한 사실이 있으나, 이는 피해자가 업무상 질책을 한 것에 대한 화해를 구하는 차원이었고, 실제 김○○가 악수를 하겠다고 하여 악수로 대신하는 등 그와 같은 말이 성적인 언동이라거나 성적인 수치심을 느끼게 할 만한 것이라고 보기 어렵다.

③ 판결

- 김○○는 이 법정에서 "회식자리가 끝나고 본인과 일부 남자 선생님들이 남아 원고를 위하여 택시를 잡고 있었는데, 술에 취한 가해자가 자신에게 다가와 '한번 안아주겠냐'고 하여 '저는 악수로 대신하겠습니다'라고 하여 악수를 하였고, 가해자가 남자선생님들에게 갔다가 다시 다가와 '안아주면 안되겠냐'고 하여 '곤란하겠습니다'라고 말하면서 곤란해 하고 있자 남자선생님 한분이 다가와 '제가 대신 안겠습니다'라고 하여 상황이 끝났으며, 가해자를 계속 대면해야 하여 화를 내지는 못하였으나 가해자의 행동이 불쾌하였다"는 취지로 당시 상황에 대해 구체적으로 진술하였던 점,
- ○○초등학교 성희롱고충 조사과정에서 김□□이 "당시 가해자가 김○○에게 안아달라고 하여 곤란해 하고 있었고 자신이 대신 원고와 포옹을 하였다"는 취지로 김○○의 진술과 부합하게 진술하였던 점,
- 가해자는 당시 김○○에게 안아달라고 한 것은 업무상 질책을 하였던 것에 대한 화해를 구하는 차원이었다고 하나, 사회통념상 성별이 다른 하급자에게 포옹을 하는 방식으로 화해를 구하는 것 일반적이라고 보기 어렵고, 더욱이 가해자가 이에 대해 거부의 의사를 명시적으로 밝혔음에도 재차 안아달라고 요구를 하였던 점 등을 고려하면, 이와 같은 행위

는 객관적으로 성적 굴욕감이나 혐오감을 느끼게 할 수 있는 행위로서 징계사유로 인정된다.

2. 징계 사유(2)

① 피해자 주장

- 2019.9.~10. 회식장소에서 주로 젊은 남자 선생님들이 있을 때 “여자가 만나면 남자가 리드하고 다가가서 쟁취해야 한다”라는 발언을 하였고, 이를 2~3차례 회식 자리에서 들은 김○○가 “저는 그 의견에 동의하지 않는다”고 답하자, “자네 같은 여자만 그렇다”라고 말한 사실이 있다.

② 가해자 주장

- 다른 남자 교사들에게 피해자 주장과 같은 말을 한 사실이 있을 뿐 김○○에게 직접적으로 그와 같은 말을 한 사실이 없고, 그 내용도 성적인 수치심을 느끼게 할 만한 것이라고 보기 어렵다.

③ 판결

- 김○○는 이 법정에서 “2019.9.~10. 미혼 남자 교사들이 있는 회식자리마다 가해자가 여러 차례 ‘남자가 여자를 쟁취해

야 한다'고 말하여 자신이 '여자는 항상 그렇게 피동적인 존재로 남자가 쟁취해 주기만을 기다리는 존재가 아니기 때문에 동의하지 않는다'고 말하자 가해자가 '자네 같은 여자만 그렇다'고 말하여 마치 자신만 유달리 도드라져 보이는 그런 여자로 취급하는 것 같아서 기분이 좋지 않았다"는 취지로 당시 상황에 대해 구체적으로 진술하였던 점,

- 김○○의 진술 내용과 성희롱 사건 접수 경위 등에 비추어 볼 때 김○○가 허위의 진술을 할 만한 동기가 없고 그러한 정황도 확인되지 않는 점(가해자는 당시 여러 회식자리에서 이와 같이 말을 한 것으로 보이므로 특정한 회식자리에 김○○가 참석하지 않았다고 하여 김○○의 진술을 신빙할 수 없는 것이라 보기 어렵다),
- 가해자는 이와 같이 말을 한 것은 남자 교사들을 상대로 한 것이라고 주장하고 있으나, 직접적인 상대방이 김○○가 아니었다고 하더라도 당시 회식자리에 김○○와 같이 다른 성별의 교직원이 함께 있었던 것으로 보이고, 가해자에게 동의하지 않는다는 김○○에게 '자네 같은 여자만 그렇다'고 말한 것은 김○○가 성별에 대한 고정관념과 달리 문제가 있다거나 유별나다는 의미로 이해되는 점 등을 고려하면, 이와 같은 행위는 객관적으로 성적 굴욕감이나 혐오감을 느끼게 할 수 있는 행위로서 징계사유로 인정된다.

3. 징계 사유(3)

① 피해자 주장

- 2019.9.4. 전교직원 회식이 끝나고 2차 ○○ 맥주집에서 최소 40분에서 최대 1시간 동안 의자 사이 좁은 공간에 들어와 교직원 김△△ 왼쪽 옆에 서 있는 상태로 김△△의 어깨를 감싼 채 수차례 건배사를 하였으며, 그럴 때마다 가해자의 엉덩이나 허리 쪽이 김△△의 어깨와 몸에 바짝 붙었고, 가해자의 겨드랑이에 김△△의 얼굴이 들어갈 정도로 밀착되었으며, 가해자가 건배사를 할 때마다 가해자의 어깨와 팔뚝이 김△△의 가슴을 스쳤던 사실이 있다

② 가해자 주장

- 가해자가 좁은 회식장소에서 김△△와 의도치 않게 신체적 접촉을 하였을 가능성이 있으나, 피해자 주장과 같이 김△△의 어깨를 감싸거나 팔로 가슴을 친 사실이 없다.

③ 판결

- 김△△는 이 법정에서 "2차 회식장소에서 가해자가 자신과 최○○의 사이에 비집고 들어와 서서 여러 차례 건배사를 하였는데, 자신의 오른쪽 어깨에 손을 올린 상태로 왼손으로 술을 들고 건배사를 하거나, 가해자가 자신의 몸의 오른쪽

으로 손을 뻗어서 건배사를 할 때에는 마치 자신이 원고의 품속에 끌려들어간 상태가 되거나, 가해자가 자신의 몸의 왼쪽에서 손을 뻗어서 건배사를 할 때에는 손을 뻗을 때마다 자신의 가슴이 스쳐서 자신이 의자를 뒤로 급하게 젖혀서 피하는 순간이 있었다. 자리가 좁을 뿐만 아니라 위치가 적절하지도 않은데도 굳이 여자 직원들 사이에 비집고 들어와서 여러 차례 건배사를 하는 것은 실수로만 보이지 않았다. 당시 맞은 편 나○○가 자신에게 '원고 때문에 지금 불편하시죠. 자리를 바꿔 드릴까요?'라고 말할 정도로 다른 사람들도 자신이 불편한 상황임을 알고 있었다"는 취지로 당시 상황에 대해 구체적으로 진술하였던 점,

- ○○초등학교 성희롱고충 조사과정에서 나○○는 "당시 가해자가 김△△에게 상당히 가까이 있어 몸끼리 닿을 수 있었겠다고 생각하였으며, 이에 김△△가 몸을 움츠리고 숙이기도 하였는데, 원고는 전혀 신경쓰지 않고 잔을 든 팔을 뻗어 가해자의 겨드랑이 아래쪽에 김△△가 있게 되는 상태가 되기도 하는 등의 상황이 2~3번 반복되어 김△△에게 '자리를 바꿔드릴까요'라고 물어보기도 했다"는 취지로 김○○의 진술과 부합하게 진술하였던 점,
- 김△△의 진술 내용과 성희롱 사건 접수 경위 등에 비추어 볼 때 김△△가 허위의 진술을 할 만한 동기가 없고 그러한

정황도 확인되지 않을 뿐만 아니라 가해자도 김△△와 신체적 접촉이 있었을 가능성 자체를 부인하지는 않고 있는 점 등을 고려하면, 이와 같은 행위는 징계사유로 인정된다.

4. 징계 사유(4)

① 피해자 주장

- 가해자는 2019.9.9. 급식실, 교무실, 행정실과 함께하는 회식자리 □□ 식당에서 술을 따르고 돌아다니면서 김△△에게 상추 한 장을 주며 "안주 하나 싸주세요", "먹여주시려고요?"라고 말하였고, 오른 손으로 술을 따르면서 왼손으로 소주잔을 잡고 있는 김△△의 손을 덮어서 잡은 사실이 있다

② 가해자 주장

- 피해자 주장과 같은 행위를 하였으나, 술을 따라주면서 김△△의 손을 잡은 것은 상대방을 존중하기 위한 것으로 당시 모든 직원들에게 같은 방식으로 술을 따라주었고, 가해자가 회식자리를 돌아다니면서 직원들에게 술을 따라주고 있었으므로 김△△에게 안주를 달라고 한 것일 뿐 이를 성적인 언동이라거나 성적인 수치심을 느끼게 할 만한 것이라고 보기 어렵다.

③ 판결

- 김△△는 이 법정에서 "회식자리에서 가해자가 다른 테이블에서 술을 마시고 자신에게로 와서 상추를 건네면서 안주를 싸달라고 하여 2번 싸주었는데, 보통 술자리에서 안주를 싸달라고 하는 경우가 없어 당황스러웠고, 관리자의 강압적 지시·명령으로 느껴졌다. 또한 가해자가 술을 따라주려고 하여 술잔을 들고 있자 가해자가 자신의 오른손을 왼손으로 덮은 상태에서 오른손으로 술을 따랐는데, 그렇게 손을 덮고 도망가지 못하게 술을 따르는 경우는 처음이어서 불쾌하고 당황스러웠고, 다른 사람들한테 그러한 방식으로 술을 따르지 않았는데 유독 젊은 여자 직원인 자신에게만 그런 방식으로 술을 따라 성희롱이라고 생각하였다"는 취지로 당시 상황에 대해 구체적으로 진술하였던 점,
- 김△△는 가해자가 이와 같은 행위를 하고 1주일 사이에 다시 위와 같은 행위를 하자 회식 다음 날 회식자리에 가해자가 자신에게 한 행위를 업무일지에 기재하여 두었던 점,
- 가해자는 상대방을 존중하는 차원에서 상대방의 손을 잡고 술을 따른 것이라고 주장하나, 가해자가 성별이 다른 김△△에게 이에 대해 동의를 구한 것으로 보이지 않고, 굳이 김△△에게 안주를 싸달라고 부탁할 이유도 없는 것으로 보이는 점(김△△는 이 법정에서 당시 옆자리에 있던 양○○가

가해자가 자신에 대해서만 그러한 행위를 하는 것을 의아해 하였다는 취지로 진술하기도 하였다) 등을 고려하면, 이와 같은 행위는 객관적으로 성적 굴욕감이나 혐오감을 느끼게 할 수 있는 행위로서 징계사유로 인정된다.

신고에서 처리까지
직장괴롭힘 100문 100답

Ⅳ 직장괴롭힘 조사보고서 작성요령

Q&A 63

직장괴롭힘 조사보고서 작성시 유의사항은?

1. 조사보고서에는 확보한 직접증거와 정황증거를 첨부하고, 증거의 신뢰성에 대한 조사자(위원회)의 의견을 기술하여야 합니다.
   - 또한 문제된 행위가 직장 내 괴롭힘인지 여부 및 그 괴롭힘의 경중 및 적정한 제재 수준 등에 관한 조사자(위원회)의 의견도 기술하여 직장 내 괴롭힘에 대한 판단 시 참고할 수 있도록 할 필요가 있습니다.

2. 행위자에 대한 조치와 관련하여서는 피해자의 의견을 들어 그 결과를 첨부하도록 규정(근로기준법 제76조의 3 제5항)하고 있습니다.

- ◦ 피해자와 행위자와의 관계(우위성 판단요소)
- ◦ 피해자 또는 피해자가 추천한 참고인이 진술한 내용을 기반으로 한 사건 경위
- ◦ 문제된 행위가 직장 내 괴롭힘에 해당하는지 여부를 입증할 수 있는 증거(직접 또는 정황증거)
- ◦ 피해자의 피해 정도
- ◦ 피해자의 요청사항

Q&A 64

직장괴롭힘 조사보고서 작성 시 주요 내용은?

① 조사개요(당사자 관계등)

② 신고인 주장 및 요구사항

③ 피신고인 주장

④ 대립되는 주장에 대한 참고인조사내용

⑤ 법적 검토

⑥ 직장괴롭힘 해당여부

⑦ 종합의견(제도개선 방안 포함)

⑧ 기타 징계양정 등

※ 첨부자료(각종 입증자료)

Q&A 65

직장괴롭힘 인정 조사보고서 작성 사례(1)

1. 신고인 · 참고인 · 피신고인 진술, 입증자료 등 : 생략

2. 행위내용 및 사실관계

육아휴직 후 복직한 직원에게 전에 담당하던 업무(창구 수신업무)가 아닌 창구 안내 및 총무 보조업무를 주고, 직원을 퇴출시키기 위한 따돌림을 지시함. 피해자를 제외한 다른 직원들만 참석한 회

의에서 피해자를 내쫓기 위하여 따돌림을 할 것을 지시하는 취지의 내용을 전달하였음. 이후 책상을 치우고 창구에 앉지 못하게 할 것을 지시, 그를 직원으로 생각하지 않는다는 취지의 발언을 하는 등 행위를 하여 피해자는 우울증을 앓았고, 결국 퇴사함

3. 직장 내 괴롭힘 판단

① 행위자 : 회사 임원(전무)

② 피해자 : 육아휴직 후 복직한 직원

③ 행위장소 : 사업장 내

④ 행위요건

④-1. 직장에서의 지위 또는 관계 등의 우위 이용 여부

- 회사 임원이라는 지위를 이용하여 다른 직원들에게 따돌림을 지시하는 등 행위를 함

④-2. 업무상 적정범위를 넘었는지 여부

- 육아휴직 후 복귀한 직원에게는 휴직 전과 같은 업무 또는 같은 수준의 임금을 지급하는 직무에 복귀시켜야 하는 법적 의무가 있음에도(남녀고용평등법 제19조제4항),
- 이를 무시하고 오히려 육아휴직 후 복귀한 직원을 퇴출시킬 목적으로 보조업무를 부여하고 책상을 치우는 등의 행위를 한 것은 업무상 필요성이 없는 행위에 해당
- 육아휴직 후 복귀한 직원을 상대로 다른 직원들에게 따돌림을 지시하거나 직접 나서 책상을 치우거나 비하·모욕하는

발언을 하는 등의 행위는 사회통념상 상당하지 않은 행위

④-3. 신체적 · 정신적 고통을 주거나 근무환경을 악화시켰는지 여부

- 피해자는 극심한 정신적 스트레스로 인한 우울증을 앓았으며, 결국 퇴사함

⑤ 종합적 판단 : 직장 내 괴롭힘에 해당되는 것으로 판단

4. 기타 참고사항

- 남녀고용평등법 제19조제4항 위반으로 처벌 가능

※ 실제 사안에서도 남녀고용평등법 위반으로 인한 처벌을 받음

Q & A 66

직장괴롭힘 인정 조사보고서 작성 사례(2)

1. 신고인 · 참고인 · 피신고인 진술, 입증자료 등 : 생략

2. 행위내용 및 사실관계

가해자인 선배가 후배인 피해자에게 술자리를 마련하지 않으면 인사상 불이익을 주겠다고 반복하여 말한 사건. “술자리를 만들어라”, “아직도 날짜를 못 잡았느냐”, “사유서를 써와라”, “성과급의 30%는 선배를 접대하는 것이다” 등 반복적으로 술자리를 갖자는 발언을 하고 시말서, 사유서를 쓰게 한 행위

3. 직장 내 괴롭힘 판단

① 행위자 : 선배 직원

② 피해자 : 후배 직원

③ 행위장소 : 사업장 내, 외

④ 행위요건

④-1. 직장에서의 지위 또는 관계 등의 우위 이용 여부

- 직장 내 입사 선·후배라는 관계의 우위를 이용

④-2. 업무상 적정범위를 넘었는지 여부

- 술자리를 마련하도록 강요하고, 불응하는 경우 시말서 등을 쓰게 하는 등 사회 통념상 상당하지 않은 행위를 함

④-3. 신체적·정신적 고통을 주거나 근무환경을 악화시켰는지 여부

- 피해자는 선배 직원의 이 같은 강요로 인하여 정신적 고통을 당함

⑤ 종합적 판단 : 직장 내 괴롭힘에 해당되는 것으로 판단

Q & A 67

직장괴롭힘 인정 조사보고서 작성 사례(3)

1. 신고인 · 참고인 · 피신고인 진술, 입증자료 등 : 생략

2. 행위내용 및 사실관계

회장이 운전기사에게 운전이 마음에 들지 않는다며 지속적으로 폭언, 욕설을 하고, 때로는 운전 중인 운전기사의 머리를 뒤에서 가격하며 마구 때리기도 함. 룸미러와 사이드미러를 접은 상태에서 운전하도록 하여 피해자는 극도의 스트레스 속에서 운전업무를 함

3. 직장 내 괴롭힘 판단

① 행위자 : 회장

② 피해자 : 고용된 운전기사

③ 행위장소 : 운전기사가 업무 수행 중인 자동차 안

④ 행위요건

④-1. 직장에서의 지위 또는 관계 등의 우위 이용 여부

- 회장이라는 (사용자로서의) 지위를 이용함

④-2. 업무상 적정범위를 넘었는지 여부

- 지속적인 폭언·욕설, 머리를 폭행하는 등 사회 통념상 상당하지 않은 행위를 하였으며,
- 룸미러와 사이드미러를 접은 상태에서 운전하도록 한 행위 역시 피해자가 안전하게 업무 수행하는 것을 방해한 것으로서 사회 통념상 상당하지 않은 행위에 해당

④-3. 신체적·정신적 고통을 주거나 근무환경을 악화시켰는지 여부

- 피해자는 머리를 폭행당한 것에 대한 신체적 고통 및 폭언·욕설, 비정상적인 방식의 운전업무 지시에 따른 정신적 고통을 당함

⑤ 종합적 판단 : 직장 내 괴롭힘에 해당되는 것으로 판단

4. 기타 참고사항

– 근로기준법 상 폭행, 형법상 폭행으로도 처벌 가능

Q&A 68

직장괴롭힘 인정 조사보고서 작성 사례(4)

1. 신고인 · 참고인 · 피신고인 진술, 입증자료 등 : 생략

2. 행위내용 및 사실관계

회식자리에서 직장상사가 소주병을 거꾸로 쥐어 잡고 피해자를 가격하려고 위협하고, 고객들 앞에서도 피해자의 목을 짓누르는 신체적 폭력을 가하기도 함. 또한 부장님과 다른 직장동료가 한자리에 모인 자리에서 피해자에게 종이를 던지며 모욕을 주는 행위를 가하기도 하고, 차렷 자세로 인사를 반복적으로 시키는 등 지속적인 괴롭힘을 가함

3. 직장 내 괴롭힘 판단

① 행위자 : 상사

② 피해자 : 부하 직원

③ 행위장소 : 회식 장소, 사업장 내

④ 행위요건

④-1. 직장에서의 지위 또는 관계 등의 우위 이용 여부

- 상사라는 지위를 이용

④-2. 업무상 적정범위를 넘었는지 여부

- 회식자리에서 피해자에게 소주병으로 가격을 하려고 위협, 목을 짓누르는 등의 폭행을 하여 사회 통념상 상당하지 않은 행위를 함
- 다른 임·직원이 있는 자리에서 공개적으로 모욕을 주는 행위를 한 것도 사회 통념상 상당하지 않은 행위에 해당

④-3. 신체적·정신적 고통을 주거나 근무환경을 악화시켰는지 여부

- 폭행 피해로 인한 신체적 고통 및 모욕적 행위로 인한 정신적 고통 인정 가능

⑤ 종합적 판단 : 직장 내 괴롭힘에 해당되는 것으로 판단

4. 기타 참고사항

- 근로기준법 상 폭행, 형법상 폭행으로도 처벌 가능

Q&A 69

직장괴롭힘 인정 조사보고서 작성 사례(5)

1. 신고인 · 참고인 · 피신고인 진술, 입증자료 등 : 생략

2. 행위내용 및 사실관계

- 본래 업무에 더하여 대표의 개인적인 일까지 보며 운전기사, 수행비서 역할까지 하였고, 눈이 많이 온 날 맨손으로 대표의 부인 자동차 눈 제거 작업까지 시킴
- 직원을 동원해 대표 개인 밭의 옥수수 수확과 판매까지 시키지만, 회사 분위기가 워낙 보수적인 곳이라 이에 대한 문제제기도 할 수 없는 분위기임

3. 직장 내 괴롭힘 판단

① 행위자 : 회사 대표

② 피해자 : 직원

③ 행위장소 : 사업장 내, 외

④ 행위요건

④-1. 직장에서의 지위 또는 관계 등의 우위 이용 여부

- 사용자로서의 지위를 이용함

④-2. 업무상 적정범위를 넘었는지 여부

- 대표의 개인적 용무에 동원시키는 등 업무상 필요성이 없는

행위를 함

④-3. 신체적·정신적 고통을 주거나 근무환경을 악화시켰는지 여부

- 피해자는 대표의 행위로 인하여 업무와 무관한 일을 해야 하는 등 근무환경이 악화됨

⑤ 종합적 판단 : 직장 내 괴롭힘에 해당되는 것으로 판단

Q & A 70

직장괴롭힘 불인정 조사보고서 작성 사례(1)

1. 신고인 · 참고인 · 피신고인 진술, 입증자료 등 : 생략

2. 행위내용 및 사실관계

의류회사 디자인팀장은 조만간 있을 하계 신상품 발표회를 앞두고, 소속 팀원에게 새로운 제품 디자인 보고를 지시함. 디자인 담당자가 수차례 시안을 보고하였으나, 팀장은 회사의 이번 시즌 신제품 콘셉트와 맞지 않는다는 이유로 보완을 계속 요구하였고, 이로 인해 디자인 담당자는 업무량이 늘어났으며 스트레스를 받음

3. 직장 내 괴롭힘 판단

① 행위자 : 디자인팀장

② 피해자 : 디자인 담당자

③ 행위장소 : 사업장 내

④ 행위요건

④-1. 직장에서의 지위 또는 관계 등의 우위 이용 여부

- 직속 관리자라는 지위의 우위를 이용

④-2. 업무상 적정범위를 넘었는지 여부

- 신제품의 디자인 향상을 위해 부서원에 대해 업무 독려 및 평가, 지시 등을 수차례 실시하는 정도의 행위는 업무상 필요성이 있으며,
- 그 양태가 사회 통념상 상당하지 않다고도 보기 어려운 상황

④-3. 신체적·정신적 고통을 주거나 근로환경을 악화시켰는지 여부

- 해당 근로자로서는 업무상 스트레스를 받음

⑤ 종합적 판단

- 직장 내 괴롭힘에 해당되지 않는 것으로 판단
- '업무상 적정범위를 넘었는지 여부'와 관련하여 행위자인 팀장은 회사의 디자인을 총괄하는 담당자로서 새로운 제품 발표회를 앞두고 성과 향상을 위하여 부서원의 업무에 대해 독려 및 지시를 할 수 있는 업무상 권한이 존재하며,
- 이를 수행하기 위해 다른 부적절한 행위를 한 바도 없으므로 일부 업무상 부서원이 스트레스를 받았다 하더라도 이는 근로기준법 상 직장 내 괴롭힘에 해당한다고 볼 수 없음

Q&A 71

직장괴롭힘 불인정 조사보고서 작성 사례(2)

1. 신고인 · 참고인 · 피신고인 진술, 입증자료 등 : 생략

2. 행위내용 및 사실관계

입사 10년차의 영업소 매니저 김씨는 입사 동기 중 유일하게 아직 영업소장으로 승진하지 못함. 다음 인사에서 승진하기 위해서는 이번 근무평정에서 A등급이 꼭 필요하나, 평정자인 본부장은 김씨의 근무성적을 지난번에 이어 B등급으로 통보함. 김씨의 영업소장도 본부장 평가에서 B등급으로 통보받은 것으로 보아 영업소 실적이 다른 지점에 비해 떨어지는 건 사실로 보이지만, 승진을 앞둔 자신에 대한 상사의 배려를 기대하였던 김씨는 B등급이 나오자 본부장이 본인의 승진을 고의적으로 막는 게 아닐까하는 생각으로 괴로움

3. 직장 내 괴롭힘 판단

① 행위자 : 본부장

② 피해자 : 영업소 매니저

③ 행위장소 : 사업장 내

④ 행위요건

④-1. 직장에서의 지위 또는 관계 등의 우위 이용 여부

- 근무평정권한이 있는 본부장으로서의 지위의 우위를 이용

④-2. 업무상 적정범위를 넘었는지 여부

- 영업소의 실적 부진에 대하여 영업소 관리책임이 있는 영업소장과 매니저에 대하여 최우수 등급(A등급)의 하위인 B등급을 부여한 것에 대하여 업무상 필요성이 없거나 상당하지 않다고 볼 근거가 미약함

④-3. 신체적・정신적 고통을 주거나 근로환경을 악화시켰는지 여부

- 근무평정 결과로 인하여 승진 대상에서 누락되어 정신적으로 괴로움

⑤ 종합적 판단

- 직장 내 괴롭힘에 해당되지 않는 것으로 판단
- 영업소 실적 부진이라는 객관적 사실을 이유로 영업소의 관리책임자에 대하여 근무평정에서 상위등급 이하의 평정을 부과한 것은 평정자의 정당한 업무범위(권한)에 속하는 사항임
- 성과우수자에 대한 평가 저하 등 불합리한 평가 또는 의도적 괴롭힘으로 볼 수 있는 다른 사실관계가 존재하지 않는 이상, 근로자 입장에서 승진누락에 대한 괴로운 심정은 있다고 하더라도 이를 근로기준법 상 직장 내 괴롭힘으로 볼 수는 없음

관련 법규정

근로기준법 제76조의3(직장 내 괴롭힘 발생 시 조치)

⑤ 사용자는 제2항에 따른 조사 결과 직장 내 괴롭힘 발생 사실이 확인된 때에는 지체 없이 행위자에 대하여 징계, 근무장소의 변경 등 필요한 조치를 하여야 한다. 이 경우 사용자는 징계 등의 조치를 하기 전에 그 조치에 대하여 피해근로자의 의견을 들어야 한다(위반 시 500만원이하 과태료).

신고에서 처리까지
직장괴롭힘 100문 100답

V
직장괴롭힘 행위자에 대한 필요한 조치

Q & A 72

정식조사를 통해 직장 내 괴롭힘 사실이 확인되었을 경우에 사용자는 어떻게 하여야 하는지?

1. 직장 내 괴롭힘 사실이 확인된 경우 사용자는 행위자에 대하여 징계, 근무장소 변경 등 필요한 조치를 하여야 하고, 피해자가 요청 시 근무장소 변경, 배치전환, 유급휴가 명령 등 적절한 조치를 하여야 합니다(근로기준법 제76조의3제4항 및 제5항).
   - 따라서 정식조사 결과를 토대로 직장 내 괴롭힘 행위의 인정 여부, 피해자에 대한 보호 조치, 행위자에 대한 징계, 재발 방지에 관한 권고사항 등을 결정해야 합니다.
   - 이상적으로는 심의위원회를 구성하여 직장 내 괴롭힘 인정 여부를 확인하고, 행위자에 대한 조치 및 피해자에 대한 보호 조치에 관한 내용을 심의하여 권고하고, 심의위원회의 권고를 바탕으로 인사위원회 등 다른 기구에서 실제 조치를 의결하는 절차로 운영할 수 있으나,
   - 사업장 규모 또는 특성에 따라 이를 하나로 통합하여 인사위원회에서 직접 직장 내 괴롭힘 인정 여부를 확인하고 그에 따른 조치를 결정할 수도 있습니다.
   - 직장 내 성희롱에 관하여 고충처리시스템이 구축되어 있는 사업장의 경우에는 해당 고충심의위원회를 직장 내 괴롭힘 사건에도 활용할 수 있습니다.

<참고>

1. 고용노동부 직장 내 성희롱 예방지침 가이드라인의 고충심의위원회 구성(안)

- 심의위원회는 인사담당임원, 노동조합 대표자, 고충담당자, 외부기관전문가로 구성하며, 이 중 하나의 성별이 60%를 초과하지 않도록 구성함

2. 여가부 성희롱·성폭력 예방지침 표준안의 고충심의위원회 구성(안)

- 위원장을 포함하여 6명으로 구성하고 위원은 남성 또는 여성의 비율이 전체 위원의 60%를 초과하지 않도록 하며, 위원 중 2명 이상을 외부 전문가들로 위촉

2. 직장 내 괴롭힘이 인정되는 경우 취업규칙에 근거하여 행위자에 대하여 단호하고 엄격한 징계 조치를 하여야 하며, 필요한 경우 행위자의 근무장소 변경 등을 통해 피해자와 분리하는 등 피해자 보호조치도 병행해야 합니다.

3. 한편, 행위자의 다른 근로자에 대한 직장 내 괴롭힘 행위가 재발되지 않도록 하기 위하여 필요 시 징계 조치에 더하여 상담, 코칭, 교육 등을 받도록 결정할 수도 있습니다.

4. 대표이사가 행위자로 신고된 사건의 경우 감사는 조사 결과를 이사회에 보고하여 이사회에서 주주총회 등을 통하여 조치를 취할 수 있도록 하는 것이 바람직합니다.

- 공공기관의 경우 이사장이 행위자로 신고된 경우 그 조사 결과를 주무기관에 보고하는 체계를 갖추는 것이 바람직할 것입니다.

5. 피해자가 요청하는 경우 피해자의 근무 장소 변경, 배치전환, 유급휴가 명령 등 적절한 보호조치를 하여야 합니다.
   - 조치 내용이 결정된 때에는 그 결과를 양 당사자에게 서면으로 통보하는 것이 바람직합니다.

6. 사건 종결 후 일정 기간(예, 2년) 동안 반기별로 해당 행위자에 의한 직장 내 괴롭힘 재발 여부, 보복 등이 발생하지 않는지 주의 깊게 지켜보고 피해자를 지원하는 것이 바람직합니다.

Q & A 73

징계양정의 일반적 원칙은?

[대법 2002.8.23, 2000다60890]

피징계자에게 징계사유가 있어서 징계처분을 하는 경우, 어떠한 처분을 할 것인가 하는 것은 징계권자의 재량에 맡겨진 것이고, 다만 징계권자가 재량권의 행사로서 한 징계처분이 사회통념상 현저하게 타당성을 잃어 징계권자에게 맡겨진 재량권을 남용한 것이라고 인정되는 경우에 한하여 그 처분을 위법하다고 할 수 있고,

그 징계처분이 사회통념상 현저하게 타당성을 잃어 재량권의 범위를 벗어난 위법한 처분이라고 할 수 있으려면 구체적인 사례에 따라 징계의 원인이 된 비위사실의 내용과 성질, 징계에 의하여 달성하려고 하는 목적, 징계양정의 기준 등 여러 요소를 종합하여 판단할 때에 그 징계 내용이 객관적으로 명백히 부당하다고 인정할 수 있는 경우라야 한다(대법 2002.8.23, 2000다60890, 60906 판결 원문 인용).

Q&A 74

단순 성희롱 발언을 이유로 해고한 것이 징계양정 과다로 무효인지?

[인천지법 2004.2.4, 2003가합4750]

1. 사용자가 근로자에 대하여 징계해고를 함에 있어서의 '정당한 이유'라 함은 사회통념상 고용관계를 계속시킬 수 없을 정도로 근로자에게 책임이 있는 사유가 있는 경우를 말하고, 한편 취업규칙 등에서 징계사유를 규정하면서 동일한 사유에 대하여 여러 등급의 징계가 가능한 것으로 규정한 경우에 그 중 어떤 징계처분을 선택할 것인지는 징계권자의 재량에 속한다고 할 것이지만 이러한 재량은 징계권자의 자의적이고 편의적인 것에 맡겨져 있는 것이 아니며, 징계사유와 징계처분과의 사이에 사회통념상

상당하다고 인정되는 균형의 존재가 요구되고, 경미한 징계사유에 대하여 가혹한 제재를 과하는 것은 징계권의 남용으로서 무효라고 할 것이다(대법 1991.10.25, 90다20428 판결, 1992.5.22, 91누5884 판결 등 참조).

2. 이 사건에 관하여 살피건대, 원고는 앞서 살펴본 바와 같이 간호사들에게 성적 수치심을 유발할 수 있는 이야기를 하거나 불쾌감을 주는 행동을 하고, 특정 간호사에게 하루에 수 차례 전화를 거는 등 상식을 벗어났다고 보일 정도의 지나친 관심을 표현하여 그 간호사로 하여금 심적 고통을 유발시켰으며, 이로 인하여 간호사들이 징계를 요구하였던 점 등에 비추어 볼 때, 원고의 위 언동에 관하여 어느 정도의 징계는 불가피하다고 판단된다(판결 원문 인용).

3. 그러나 한편, 원고의 간호사들에 대한 "모델 몸매니 잘 관리하라, 신이 준 몸매다", "속옷을 사 입으라" 또는 "발레리나는 결혼하고 나서도 몸매가 망가지지 않게 성교를 자제한다고 하더라"라는 등의 성적 언동은 그것이 비록 간호사들로 하여금 성적인 수치심을 일으킬 만한 것이었다 하더라도 그 정도가 중하다고는 보이지 아니할 뿐만 아니라, 원고가 이들에게 특정 신체부위를 접촉하거나 노골적인 성적 표현을 하지는 않았다고 보이는 점, 원고는 소외 2에게 수차례 전화를 하기는 하였지만 "아빠 괜찮

으냐, 밥 잘 먹었느냐, 잠 잘 잤느냐"는 등 일상적인 내용의 통화를 하였을 뿐 성적인 표현이나 소외 2에 대한 직접적인 관심을 표현하지는 아니하였던 점(따라서 원고의 이러한 행위는 형사처벌의 대상이 되는 이른바 '스토킹'의 수준에까지 이르렀다고는 보이지 아니한다.), 원고의 위 언동으로 인하여 피고 의료원의 대외적인 명예에 큰 손상을 입혔다고는 보이지 않는 점, 피고 의료원으로서도 원고의 위 언동에 대하여 미리 주의를 주거나 징계를 경고하는 등 원고에게 반성의 기회를 주고 사건을 원만하게 해결하기 위한 최선의 노력을 다하지 아니한 채 원고를 즉각 징계위원회에 회부하여 원고를 해임하는 등 극단적인 조치를 강구했던 점, 해임은 징계대상자의 지위를 박탈하는 매우 중한 징계인 점, 원고는 피고 의료원에서 11년 이상을 성실하게 근무하였고 근무기간 동안 별다른 징계를 받지 아니하였으며, 재직기간 중 논문을 발표하는 등 전공 분야에 대하여 활발한 연구활동을 하였던 점 등 이 사건에 나타난 여러 정황들을 고려하여 볼 때, 원고에 대한 징계사유와 징계처분으로서의 해임과의 사이에 사회통념상 상당하다고 인정되는 균형이 존재한다고는 보기 어렵고, 따라서 원고에 대한 이 사건 해임은 그 징계사유에 비하여 지나치게 가혹한 것으로 판단되므로 무효라고 할 것이다(인천지법 2004.2.4, 2003가합4750 판결 원문 인용).

Q&A 75

4차에 걸친 반복적 괴롭힘 행위가 확인된 경우 해고가 타당한지?

[서울행법 2011.5.13, 2010구합28717]

1. 이 사건 원고의 행위는 신○○의 신체부위를 만지는 등 형법상 강제추행으로 인정될 정도의 성희롱 행위로서, 객관적으로 상대방과 같은 처지에 있는 일반적이고도 평균적인 사람의 입장에서 보아 고용환경을 악화시킬 정도로 그 정도가 매우 심하다고 볼 수 있을 뿐 아니라, 공익의 가치를 실현하고자 하는 참가인 회사의 보도국 사회부의 차장으로서 솔선하여 성희롱을 하지 말아야 함은 물론, 같은 부서에서 일하는 직원 상호간의 성희롱 행위도 방지해야 할 지위에 있음에도,

2. 오히려 자신의 지휘·감독을 받는 신○○을 상대로 4회에 걸쳐 반복적으로 행한 직장 내 성희롱이라고 할 것이므로, 이러한 원고의 성희롱 행위가 우발적이라거나 후배에 대한 애정을 표시하여 업무와 관련한 조언과 격려를 한다는 의도에서 비롯된 것이라고 평가할 수 없으며,

3. 설사 원고의 성희롱 행위가 그동안의 왜곡된 사회적 인습이나 직장문화 등에 의하여 형성된 평소의 생활태도에서 비롯된 것으

로서 특별한 문제의식 없이 이루어졌다고 하더라도 그러한 이유로 그 행위의 정도를 가볍게 평가할 수 없고, 원고가 징계해고되지 않고 같은 직장에서 계속 근무하는 것이 피해자인 신○○의 고용환경을 감내할 수 없을 정도로 악화시키는 결과를 가져 올 수도 있다는 점(원고는 현재까지 피해자로부터 이 사건 성희롱과 관련하여 용서를 받지 못한 것으로 보인다)과

4. 원고의 행위와 관련된 언론보도로 인하여 방송·언론기관인 참가인의 이미지가 실추된 점 및 참가인이 원고의 행위에 관하여 신○○에 대해 손해배상책임을 부담할 수도 있다는 점 등을 감안할 때,

5. 원고의 귀책사유로 인해 원고와 참가인 사이의 근로관계가 사회통념상 그 계속을 기대하기 어려울 정도에 이르게 되었다고 보이는 점 등을 종합하면, 이 사건 해고처분이 그 징계양정에 있어 재량권의 일탈·남용에 해당할 정도로 부당하다고 보기는 어려우므로, 이와 같은 전제에서 한 이 사건 재심판정이 위법하다고 할 수 없다(서울행법 2011.5.13, 2010구합28717 판결 원문 인용).

Q & A 76

여성비율이 높은 사업장에서 장기간 다수 여성에게 행해진 직장괴롭힘 행위에 대해서는 징계가 가중될 수 있는지?

[서울남부지법 2015.1.30, 2013가합18562]

1. 원고는 수년 동안 지속적·반복적으로 여성 승무원들에게 성희롱적 발언을 한 점,

2. 원고가 한 성희롱적 발언들은 일상적으로 수용되는 단순한 농담이나 친근감의 표시 수준을 넘어 상대방에게 굴욕감, 수치심 및 혐오감을 느끼게 하기에 충분할 정도에 이른 점,

3. 원고는 업무평가 권한을 갖는 팀장의 지위에서 자신의 지휘·감독 아래 있는 계약직 승무원 등 부하 직원들을 대상으로 성희롱적 발언을 하거나 금품요구, 업무전가 등의 비위행위를 하였던 점,

4. 원고가 소속된 승무원팀의 업무 특성상 여성 승무원의 비율이 높고, 피고는 이러한 업무 특수성을 참작하여 직장내 성희롱 예방교육을 시행하였으며, 원고도 수차례 성희롱 예방교육을 받았던 점,

5. 피고는 성희롱이 문제된 다른 직원들에게도 권고사직, 파면 등 엄격한 징계조치를 취한 점 등을 고려하면,

6. 이 사건 파면처분이 사회통념상 현저하게 타당성을 잃은 것으로서 피고가 징계재량권을 일탈·남용하였다고 볼 수 없다(서울남부지법 2015.1.30, 2013가합18562 판결 원문 인용).

Q & A 77

재발가능성 높은 직장괴롭힘 행위에 대해서는 징계가 가중될 수 있는지?

[서울행법 2003.3.20, 2002구합26433]

1. 원고가 부하 여직원들에 대하여 지속적으로 성적인 동기와 의도가 포함되어 있는 언동을 하였고, 이러한 성적 언동은 행위의 동기나 행위당시의 상황, 행위 상대방과의 관계 등을 비추어 볼 때 사회통념상 일상적으로 허용되는 단순한 농담 또는 친근감의 표현의 정도를 넘어 성적인 언동 등으로 성적 굴욕감이나 혐오감을 느끼게 함으로써 그들의 인격권을 침해하는 성희롱 행위에 해당한다고 봄이 상당하고(남녀고용평등법 제2조 제2항 참조), 참가인 회사의 취업규칙에는 이성에 대한 성희롱 행위를 징계사유로 규정하고 있으므로 원고의 위와 같은 성희롱행위는 징계사유에 해당한다고 할 것이다.

2. 또한 원고가 안전관리부장의 지시를 받아 소속 직원들을 감독하는 안전관리팀장 직무대행의 지위에 있으면서 부하 여직원들에

대하여 수차례에 걸쳐 성희롱 발언과 행동을 계속하였고 그 성희롱의 정도가 지나쳤던 점, 원고로부터 피해를 받은 여직원이 다수인 점, 참가인 회사에는 하위직에 종사하는 여직원의 비율이 높아 성희롱의 재발 가능성이 크고, 직장 내에서의 성희롱행위는 근절되어야 한다는 점들을 고려하여 볼 때,

3. 설사 이 사건 징계해고처분으로 인하여 원고가 받게 될 불이익을 감안한다 하더라도, 참가인이 원고를 해고한 것은 정당하다고 할 것이다(서울행법 2003.3.20, 2002구합26433 판결 원문 인용).

Q&A 78

우월한 지위를 이용한 직장괴롭힘 행위는 더 엄격하게 취급하여야 하는지?

[대법 2008.7.10, 2007두22498]

직장내 성희롱을 방지하여야 할 지위에 있는 사업주나 사업주를 대신할 지위에 있는 자가 오히려 자신의 우월한 지위를 이용하여 성희롱을 하였다면 그 피해자로서는 성희롱을 거부하거나 외부에 알릴 경우 자신에게 가해질 명시적·묵시적 고용상의 불이익을 두려워하여 성희롱을 감내할 가능성이 크다는 점을 감안할 때 이들의 성희롱은 더욱 엄격하게 취급되어야 한다(대법 2008.7.10, 2007두22498 판결 원문 인용).

Q&A 79

행위자가 직장괴롭힘 의도 또는 문제의식 없이 평소의 언어 습관에 의해 발언하였으나, 결과적으로 피해자들에게 정신적 고통을 주는 행위를 하였을 경우, 그 처벌을 경감할 수 있는지?

[대법 2008.7.10, 2007두22498]

1. 객관적으로 상대방과 같은 처지에 있는 일반적이고도 평균적인 사람의 입장에서 보아 어떠한 성희롱 행위가 고용환경을 악화시킬 정도로 매우 심하거나 또는 반복적으로 행해지는 경우, 사업주가 사용자책임으로 피해 근로자에 대해 손해배상책임을 지게 될 수도 있을 뿐 아니라 성희롱 행위자가 징계해고되지 않고 같은 직장에서 계속 근무하는 것이 성희롱 피해 근로자들의 고용환경을 감내할 수 없을 정도로 악화시키는 결과를 가져 올 수도 있으므로, 근로관계를 계속할 수 없을 정도로 근로자에게 책임이 있다고 보아 내린 징계해고처분은 객관적으로 명백히 부당하다고 인정되는 경우가 아닌 한 쉽게 징계권을 남용하였다고 보아서는 안 된다고 할 것입니다.

2. 카드회사의 지점장이 우월한 지위를 이용하여 자신의 지휘·감독을 받는 8명의 여직원을 상대로 일정 기간 동안 14회에 걸쳐 반복적으로 성희롱 행위를 한 것은 그 성희롱 행위가 왜곡된 사회적 인습이나 직장문화 등에 의하여 형성된 평소의 생활태도에서 비롯된 것으로서 특별한 문제의식 없이 이루어진 것이라 하

여 이를 가볍게 평가할 수는 없으므로, 그에 대한 징계해고처분은 정당하다(대법 2008.7.10, 2007두22498 파기환송).

3. 원심판결(서울고등법원 2007.10.10, 2006누9285)(부당해고)

원고의 위와 같은 행동이 비록 여직원들로 하여금 성적인 수치심을 일으킬 만한 것이었다 하더라도 일부 여직원의 경우 격려의 의미로 받아들일 정도로 그 정도가 중하다고는 보이지 않을 뿐만 아니라, 원고의 위와 같은 행동이 노골적인 성적 표현이나 성적 의도에서 비롯된 것이라기보다는 지점을 책임지는 관리자로서 나름대로 직원에 대한 애정을 표시하여 직장내 일체감과 단결을 이끌어낸다는 의도에서 비롯된 것으로 보이는 점, 위와 같은 원고의 행동이 도저히 수인할 수 없을 정도였다면 6개월이라는 단기간에 참가인의 전국 최우수지점이라는 실적을 내기 어려웠을 것으로 판단되는 점, 한편 원고의 이 사건 성희롱행위 중 많은 부분이 2003.7.11 전국 최우수지점 선정을 축하하는 회식에서 비롯된 것인데 원고가 위와 같은 실적에 지나치게 흥분하고 들뜬 상태에서 술에 취하여 우발적으로 여직원들에게 지나친 행동을 하게 된 것으로 그 경위나 동기에 참작할만한 사정이 있는 점 등을 종합하여 보면 원고의 위와 같은 행동은 그 동안의 왜곡된 사회적 인습이나 직장 문화 등에 의하여 형성된 평소의 생활 태도에서 비롯된 것으로서 특별한 문제의식 없이 이루어진 것으로 봄이 상당하여 참가인의 상벌규정에서 정한 해직 요건인 '고의성이 현저한 경우'에 해당한다고 보기 어렵고, 여기에 서울지방노동위원회에서 1차 해고에 대하여 구제 명령을 발하자 참가인은 1차 해고를 취소한 다음 특별히 새로운 비위사실이 없음에도 곧바로 원고를 다시 해고한 사정을 더하여 보면, 원고에 대한 징계 사유와 징계 처분으로서의 해고 사이에 사회 통념상 상당하다고 인정되는 균형이 존재한다고는 볼 수 없으며, 참가인이 원고에 대하여 가장 무거운 해고처분을 한 것은 지나치게 가혹하여 징계권을 남용한 경우에 해당한다(판결 원문 인용).

Q&A 80

형사재판에서 무죄가 선고되었을 경우 직장괴롭힘을 이유로 한 징계처분도 취소하여야 하는지?

[대법 2015.3.12, 2012다117492]

1. 성희롱을 사유로 한 징계처분의 당부를 다투는 행정소송에서 징계사유에 대한 증명책임은 그 처분의 적법성을 주장하는 피고에게 증명책임이 있다. 다만 민사소송이나 행정소송에서 사실의 증명은 추호의 의혹도 없어야 한다는 자연과학적 증명이 아니고, 특별한 사정이 없는 한 경험칙에 비추어 모든 증거를 종합적으로 검토하여 볼 때 어떤 사실이 있었다는 점을 시인할 수 있는 고도의 개연성을 증명하는 것이면 충분하다(대법 2010.10.28, 2008다6755 판결 원문 인용).

2. 민사책임과 형사책임은 그 지도이념과 증명책임, 증명의 정도 등에서 서로 다른 원리가 적용되므로, 징계사유인 성희롱 관련 형사재판에서 성희롱 행위가 있었다는 점을 합리적 의심을 배제할 정도로 확신하기 어렵다는 이유로 공소사실에 관하여 무죄가 선고되었다고 하여 그러한 사정만으로 행정소송에서 징계사유의 존재를 부정할 것은 아니다(대법 2015.3.12, 2012다117492 판결 원문 인용).

Q&A 81

직장괴롭힘 사건 처리의 객관성 보장을 위한 절차별 체크리스트는?

단계	확인사항
예방 및 처리절차 점검	1. 직장괴롭힘 예방 및 처리규정에서 누구든지 상담 및 신고를 할 수 있도록 규정하고 있는가? 2. 신고 되지 않은 직장괴롭힘이라도 조직이 인지하면 사건을 처리하도록 규정하고 있는가? 3. 2차 피해의 예방 및 구제에 대한 내용을 규정하고 있는가? 4. 직장괴롭힘 사건처리절차는 구체적으로 규정되어 있는가? 5. 상담부터 사건 종결까지 전문성을 확보하기 위한 방안이 규정되어 있는가?(예 단계별 외부전문가의 활용 등)

단계	확인사항
	6. 인지단계부터 사건종결 단계까지 피해자 보호조치를 구체적으로 규정하고 있는가? 7. 징계시효가 관련법의 시효인 5년보다 짧게 규정되어 있지 않은가? 8. 직장괴롭힘 고충상담원의 지정은 합리적이며, 상담원에 대한 교육을 정기적으로 실시하고 있는가? 9. 예방 및 처리에 관한 사항을 구성원들이 항상 인지할 수 있도록 게시하고, 정기적으로 안내하고 있는가?
상담	1. 피해자가 편안하게 상담할 수 있는 장소에서 상담을 진행했는가? 2. 피해자의 관점으로 사건을 적극적으로 경청했는가? 3. 피해자가 느꼈던 감정과 받은 피해를 확인했는가? 4. 피해자가 원하는 조직에서의 조치를 확인했는가? 5. 피해자가 원하는 행위자에 대한 조치를 확인했는가? 6. 피해자에게 사내 사건처리절차 및 외부기관 구제절차를 설명했는가? 7. 성폭력이 의심되는 사안에 대하여 성폭력에 관한 외부기관 구제절차를 설명했는가? 8. 기관의 내규(개인정보나 사생활 유출 관련 규율) 및 명예훼손 등 이후 피해자가 유의해야 할 사항에 대하여 설명했는가? 9. 상담한 직장괴롭힘에 대하여 비밀유지를 하고 있는가? 상담일지는 누구에게도 공개하지 않았는가? 10. 전문가의 자문, 지원 등을 받을 필요성을 검토했는가? 11. 피해자의 피해를 공식적으로 조사할 필요성이 있는지 검토했는가?

<table>
<tr><th colspan="2">단계</th><th>확인사항</th></tr>
<tr><td colspan="2">조사 신청 및 접수</td><td>1. 신청은 서면으로 접수하였는가?
2. 조사의 전문성을 위하여 외부전문가 풀을 구성하고 있는가?</td></tr>
<tr><td rowspan="2">조사</td><td>준비</td><td>1. 조사위원회 등 조사를 전문적으로 진행할 기구를 구성하였는가?
2. 조사의 전문성을 확보하기 위하여 외부전문가를 참여시키거나 외부전문가의 자문을 얻기로 결정하였는가?
3. 조사 시작 전 조사할 대상자를 확정하였는가?
4. 신고 된 사건 외에 피신고자의 직장괴롭힘 행위를 광범위하게 조사할 필요성이 있는지 검토하였는가?
5. 조사 전 비밀유지서약서 등 관련서식은 점검하였는가?</td></tr>
<tr><td>진행</td><td><공통>
1. 조사대상자에게 비밀유지 서약을 받고 2차 피해에 대하여 설명하였는가?
2. 조사대상자의 진술서를 대상자에게 확인하고, 서명을 받았는가?
<피해자>
1. 피해자에 대한 조사는 피해자가 불편함을 느끼지 않도록 진행되었는가?
2. 피해자 조사를 통하여 행위의 증거 및 증인을 충분히 확보했는가?
3. 피해자에게 직장괴롭힘 행위와 피해자가 경험한 감정적 고통에 대하여 구체적으로 들었는가? 피해자의 진술서만으로 어떠한 직장괴롭힘이 있었는지 충분히 설명되는가?
4. 피해자가 원하는 해결방법에 대하여 경청하고, 요구안을 구체화시켰는가?</td></tr>
</table>

단계		확인사항
		5. 조사단계에서 피해자에게 필요한 보호조치를 실행하였는가? <행위자> 1. 행위자에 대한 조사는 행위자가 불편함을 느끼지 않도록 진행되었는가? 2. 행위자가 인정한 직장괴롭힘 행위에 대하여는 구체적으로 들었는가? 3. 행위자가 인정하지 않는 직장괴롭힘 사안에 대하여 불필요한 정보를 주지는 않았는가? 4. 피해자가 허락한 범위 내에서 행위자에게 사건을 전달하고, 조사가 진행되었는가?
	보고서	1. 직장괴롭힘 판단기준에 관한 내용이 정확하게 기술되어 있는가? 2. 사실관계에 대하여 당사자들의 진술이 다른 경우에 구체적인 차이점이 기술되어 있고, 정황증거 내지는 간접증거에 관한 내용들이 충분히 반영되어 있는가? 3. 사실관계와 조사자의 의견이 분명히 구분되어 있는가?
고충심의 위원회		1. 고충심의위원회는 규정에 정한대로 구성, 진행하였는가? 2. 외부전문가는 2인 이상 참여시켰으며, 충분히 전문성을 갖추었는지 확인하였는가? 3. 당사자가 출석을 요청한 경우, 당사자에게 충분한 발언의 기회를 주었는가? 4. 직장괴롭힘 여부의 판단은 신중하게, 적법하게 검토되었는가? 5. 괴롭힘 판단뿐만 아니라 피해자 보호조치, 행위자 조치, 재발방지대책에 대하여도 의견을 청취하였는가?

단계	확인사항
사건 종결	1. 인사위원회는 규정에 맞게 구성, 진행되었는가? 2. 별도의 고충심의위원회를 구성하지 않은 경우 인사위원회에 외부 전문가를 참여시켰는가? 3. 인사위원회는 고충심의위원회의 의견을 충분히 수용하였는가? 4. 행위자 처분 등에 관하여 피해자의 의견을 청취하였는가? 5. 행위자 처분 외에 피해자 보호조치, 재발방지대책까지 결정하였는가? 6. 피해자에 대한 모니터링에 대하여 논의하였는가? 7. 2차 피해의 예방에 관한 내용을 논의하였는가? 8. 피해자 및 행위자에 대한 서면 통지를 하였는가?

관련 법규정

근로기준법 제76조의3(직장 내 괴롭힘 발생 시 조치)

④ 사용자는 제2항에 따른 조사 결과 직장 내 괴롭힘 발생 사실이 확인된 때에는 피해근로자가 요청하면 근무장소의 변경, 배치전환, 유급휴가 명령 등 적절한 조치를 하여야 한다(위반 시 500만원이하 과태료).

⑥ 사용자는 직장 내 괴롭힘 발생 사실을 신고한 근로자 및 피해근로자 등에게 해고나 그 밖의 불리한 처우를 하여서는 아니 된다(위반 시 3년 이하의 징역 또는 3천만원 이하의 벌금).

신고에서 처리까지
직장괴롭힘 100문 100답

VI
직장괴롭힘 피해근로자등 보호 및 불리한 처우 금지

Q&A 82

직장괴롭힘이 확인되어 피해자가 병원 진단서 상 명시된 우울증 등 질병명과 3개월 치료기간을 근거로 3개월 유급휴직을 요청한 바, 반드시 이를 수용하여야 하는지?

근로기준법 제76조의3 제4항에 "피해근로자가 요청하면 유급휴가 명령 등 적절한 조치를 하여야 한다"고 규정하고 있음을 감안하여 볼 때, 반드시 피해자가 요청하는대로 조치하여야 할 의무는 없으나, 주치의 진단서 상에 직장괴롭힘으로 인한 질병 및 치료기간이 명시되어 있다면, 해당 치료기간 유급휴가를 부여하는 것이 바람직할 것으로 사료됩니다.

Q&A 83

사용자가 직장 내 괴롭힘 사실을 신고하였거나 피해를 주장하였음을 이유로 해고나 그 밖의 '불리한 처우'를 하였을 경우란?

관련 법 규정

남녀고용평등법 제14조(직장 내 성희롱 발생 시 조치)

①~⑤ (생략)

⑥ 사업주는 성희롱 발생 사실을 신고한 근로자 및 피해근로자등에게 다음 각 호의 어느 하나에 해당하는 불리한 처우를 하여서는 아니

된다.

1. 파면, 해임, 해고, 그 밖에 신분상실에 해당하는 불이익 조치
2. 징계, 정직, 감봉, 강등, 승진 제한 등 부당한 인사조치
3. 직무 미부여, 직무 재배치, 그 밖에 본인의 의사에 반하는 인사조치
4. 성과평가 또는 동료평가 등에서 차별이나 그에 따른 임금 또는 상여금 등의 차별 지급
5. 직업능력 개발 및 향상을 위한 교육훈련 기회의 제한
6. 집단 따돌림, 폭행 또는 폭언 등 정신적 · 신체적 손상을 가져오는 행위를 하거나 그 행위의 발생을 방치하는 행위
7. 그 밖에 신고를 한 근로자 및 피해근로자등의 의사에 반하는 불리한 처우

관련 판례

대법 2017.12.22, 2016다202947

사업주가 피해근로자등에게 해고나 그 밖의 불리한 조치를 한 경우에는 남녀고용평등법 제14조제2항을 위반한 것으로서 민법 제750조의 불법행위가 성립한다. 그러나 사업주의 피해근로자등에 대한 조치가 직장 내 성희롱 피해나 그와 관련된 문제 제기와 무관하다면 위 제14조제2항을 위반한 것이 아니다. 또한 사업주의 조치가 직장 내 성희롱과 별도의 정당한 사유가 있는 경우에도 위 조항 위반으로 볼 수 없다. 따라서 사업주의 조치가 피해근로자등에 대한 불리한 조치로서 위법한 것인지 여부는

① 불리한 조치가 직장 내 성희롱에 대한 문제 제기 등과 근접한 시기에 있었는지,
② 불리한 조치를 한 경위와 과정,
③ 불리한 조치를 하면서 사업주가 내세운 사유가 피해근로자등의 문제 제기 이전부터 존재하였던 것인지,
④ 피해근로자등의 행위로 인한 타인의 권리나 이익 침해 정도와 불리한 조치로 피해근로자등이 입은 불이익 정도,
⑤ 불리한 조치가 종전 관행이나 동종 사안과 비교하여 이례적이거나 차별적인 취급인지 여부,
⑥ 불리한 조치에 대하여 피해근로자등이 구제신청 등을 한 경우에는 그 경과 등을

종합적으로 고려하여 판단해야 한다.

Q & A 84

피해자의 문제해결을 도와준 근로자에 대하여 징계 등 불리한 조치를 한 경우에도 피해근로자에 대한 보호의무를 위반한 것으로 볼 수 있는지?

[대법 2017.12.22, 2016다202947]

1. 피해근로자등이 구제절차나 권리행사와 관련하여 동료 근로자의 조언 등 도움을 받는 경우에 사업주가 도움을 주는 근로자에게 적극적으로 차별적인 대우를 하거나 부당한 징계처분 등을

한다면, 피해근로자등도 인격적 이익을 침해받거나 정신적 고통을 받았을 가능성이 크다. 우리 사회에서 직장 내 성희롱의 특수성에 비추어 피해근로자등과 그에게 도움을 준 동료 근로자는 깊은 정서적 유대감을 갖는 밀접한 관계에 있을 수 있다. 피해근로자등은 동료 근로자가 자기 때문에 불리한 조치를 당하였다고 생각할 수 있고, 그 밖의 다른 근로자들도 그와 비슷한 생각을 하게 되어 피해근로자등에게 도움을 주거나 그와 우호적인 관계를 맺는 것을 피할 수 있다. 이러한 상태가 심화되면 피해근로자등은 직장 동료와의 관계가 단절되어 직장 내에서 사실상 고립되는 상황에 처할 수 있다.

2. 피해근로자등은 동료 근로자에 대한 사업주의 불리한 조치를 보고 구제절차 이용을 포기하거나 단념하라는 압박으로 느껴 성희롱 피해에 대해 이의하거나 구제절차를 밟는 것을 주저할 수 있다. 사업주가 동료 근로자에 대한 불리한 조치를 함으로써 피해근로자등에게 손해배상책임을 지는지를 판단할 때에는 이러한 사정도 아울러 고려하여야 한다.

3. 이와 같이 피해근로자등을 도와준 동료 근로자에 대한 부당한 징계처분이나 불이익 조치가 사업주가 피해근로자등에 대한 보호의무를 위반한 것인지 문제될 수 있다. 사업주는 직장 내 성희롱 발생 시 남녀고용평등법령에 따라 신속하고 적절한 근로환경

개선책을 실시하고, 피해근로자등이 후속피해를 입지 않도록 적정한 근로여건을 조성하여 근로자의 인격을 존중하고 보호할 의무가 있다. 그런데도 사업주가 피해근로자등을 도와준 동료 근로자에게 부당한 징계처분 등을 하였다면, 특별한 사정이 없는 한 사업주가 피해근로자등에 대한 보호의무를 위반한 것으로 볼 수 있다(대법 2017.12.22, 2016다202947 판결 원문 인용).

Q & A 85

사용자가 직장괴롭힘이 없었던 것으로 판단했더라도, 직장괴롭힘 피해를 입었다고 주장하는 근로자에게 의사에 반하는 전보발령 시, '불이익 처우'에 해당될 수 있는지?

[대법 2022.7.12, 2022도4925]

('불리한 처우' 사업주에게 징역형이 선고된 최초 대법원 판례)

1. 사실관계

피해근로자는 2019.7.27. 직장괴롭힘 피해사실(욕설, 폭언, 사직강요)을 회사에 신고하였는데, 사용자는 직장괴롭힘 조사를 하지 않은채, 2019.8.27. 인사위원회를 개최하여 가해자로 지목된 상급자에 대하여는 '관리자로서 조직관리 미흡'을 이유로 징계(견책)하였고, 피해근로자에 대해서는 근무장소를 '청원군 소재지'에서 '음성군 소재지'로 변경하는 전보명령을 하였습니다. 변경된 근무장소는 개관적 근무환경은 좋은 편이었으나, 피해근로자에게는 주거지까지의 거리가 매우 멀어서 첫 버스를 타더라도 출근시간 전에 도착할 수 없었고, 피해근로자는 간병이 필요한 가족이 있음에도 출퇴근의 어려움으로 인해 기숙사 생활을 해야 하는 불이익이 있었습니다. 이에 검찰에서는 사업주에 대하여 근로기준법 제76조의3 제6항 위반으로 벌금 200만원 약식기소하였으나, 1심, 2심, 3심 전부 징역 6월・집행유예 2년을 선고하였습니다.

2. 쟁점

사용자가 직장괴롭힘이 없었던 것으로 판단했더라도, 직장괴롭힘 피해를 입었다고 주장하는 근로자에게 의사에 반하는 전보발령 시, '불이익 처우'에 해당될 수 있는지 여부

3. 사용자 주장

외부인사 포함된 회사의 인사위원회에서 피해근로자에 대한 직장괴롭힘 사실이 없었다고 판단하였으므로 그 후의 전보조치에 대해 근로기준법 제76조의3 제6항을 적용해 처벌할 수 없다.

4. 판결

① 근로기준법 제76의3 제6항 규정은 사용자에 대해 피해근로자의 해고 그밖의 불리한 처우를 금지할 뿐, 그 적용범위 또는 기간을 제한하거나 사용자의 사실확인 조사여부에 따라 적용 여부를 달

리하는 규정을 두고 있자 아니하다. 따라서 직장괴롭힘 사실이 없었던 것으로 조사되었다고 하더라도 그로써 근로기준법에서 규정하고 있는 피해근로자로서의 지위를 상실한다고 볼 수 없다(대법 2022.7.12, 2022도4925).

② 부실한 사실확인 조사로 직장괴롭힘을 인정하지 않은 경우라면, 그 사후 조치가 피해근로자에게 불리한 처우인지 판단함에 있어 피해근로자의 주관적 의사를 마땅히 고려함이 타당하다(청주지법 충주지원 2021.4.6, 2020고단245 판결 원문 인용).

5. 시사점

① 추후 피해근로자에게 징계사유가 발생하여 정당한 징계를 하기 위해서는, 선행적인 직장괴롭힘 신고(피해) 사건과 단절하는 조치를 취해야 할 것입니다. 그렇지 아니할 경우 사용자가 추후 정당한 징계조치를 하더라도 해당 근로자는 최초 직장괴롭힘 신고자 또는 피해자라는 지위에서 '불이익 처우(보복)'라고 주장할 수 있을 것입니다.

② 따라서 사용자가 직장괴롭힘 사실을 확인하고 가해자에 대한 징계, 피해근로자에 대한 보호조치를 했음에도 피해근로자가 무리한 요구를 계속한다고 판단되는 경우라면, 피해근로자의 요구를 거절하는 조치(가해자에게 추가적인 불이익 처분을 하는 것은 이중징계 또는 과다하여 부당하다는 내용의 이메일, 문서 등)를 취하여야 할 것입니다.

6. 불이익처우에 따른 형사처벌 공소시효

① 형사소송법 제249조의 규정에 따라 "장기 5년 미만의 징역에 해당되는 범죄의 공소시효는 5년"이므로 근로기준법 제76조의3 제6항을 위반하여 피해주장 근로자 등에게 불리한 처우를 한 경우에는 공소시효 기간이 5년입니다.

② 따라서 사업주의 불이익 조치 후 5년이 지나지 않은 직장괴롭힘 사건에 대해서는 지방노동관서에 진정, 고소, 고발 등을 제기할 수 있습니다.

Q&A 86

사용자가 직장괴롭힘 신고근로자에 해당되지 않는다고 주장하더라도, 피해주장 근로자의 의사에 반하는 인사상 처분 시, '불이익 처우'에 해당될 수 있는지?

[서울중앙지법 2022.4.14, 2021고정2353]

1. 사용자 주장

직장괴롭힘 주장 근로자가 회사 운영규정에 위반한 사무처리를 하여 시설장인 피고인이 경위서 제출을 요구하였으나 이를 거부하거나 사실과 다른 내용과 변명을 담은 경위서를 제출하여 사실과 다른 내용을 수정한 경위서를 제출하도록 수차례 지시한 것은 '직장 내 괴롭힘'에 해당되지 아니하므로, 이 사건 직장괴롭힘 주장 근로자는 '직장 내 괴롭힘 발생을 신고한 피해근로자'가 아니다.

2. 판결

근로기준법 제76조의3 제6항은 '사용자는 직장 내 괴롭힘 발생 사실을 신고한 근로자 및 피해근로자등에게 해고나 그 밖의 불리한 처우를 하여서는 아니 된다.'라고 규정하고 있고, 법 제76조의3 제3항은 '직장 내 괴롭힘과 관련하여 피해를 입은 근로자 또는 피해를 입었다고 주장하는 근로자'를 "피해근로자등"으로 정의하고 있어, 피고인에게 이 사건과 관련하여 필요한 고의는 피해자가 "직장 내 괴롭힘과 관련하여 피해를 입었다고 '주장'하고 있는지"만으로 충분하고, 피고인의 위와 같은 일련의 행위가 '직장 내 괴롭힘'의 범위에 반드시 해당하여야 하는 것도 아니다(서울중앙지법 2022.4.14, 2021고정2353 판결 원문 인용)

Q&A 87

직장괴롭힘 신고자가 신고 후 7일 간 연락두절 및 무단결근 상태인 바, 취업규칙 상 '7일 이상 무단결근 시 해고' 규정을 근거로 해고할 수 있는지?

[광주지법 2012.10.24, 2012나10375]

1. 사실관계

① 원고는 육아휴직을 마치고 2011.3.14. 업무에 복귀하였는데, 피고는 원고에게 책상도 배치해 주지 않은 채 원고가 육아휴직 전에 담당하였던 창구에서의 수신(출납)업무 대신 원고로 하여금

창구안내 및 총무업무 보조 업무를 맡게 하였고, 이에 원고는 책상도 없이 창구 밖에 서서 손님을 안내하는 업무를 담당하게 되었다.

② 그러던 중 2011.3.24. 피고의 이사장실에서 원고를 제외한 나머지 간부 및 직원들이 참석하여 아침 회의를 진행하였는데, 그 회의에서는 '원고에게 일도 주지 말고 원고를 직장에서 내쫓을 수 있게끔 다른 직원들도 동조하라'는 취지의 내용이 전달되었다.

③ 그 후 피고는 원고에게 컴퓨터를 올려놓던 책상을 마련해 주었으나, 피고의 전무인 이○○은 2011.4.20.경 직원들에게 원고에게 마련해 준 위 책상을 치우게 하고 원고가 창구에 앉지 못하게 할 것을 지시하였다.

④ 위 이○○은 2011.4.21.경 원고로부터 '복직한 지 한 달이 넘었는데 언제쯤 내 자리를 마련해 줄 것이냐'는 질문을 받고, 원고에게 자리를 배정해 줄 계획이 없다는 취지로 '나는 자네를 직원으로 생각하지 않아, 억울하면 검찰 청와대에 가서 찔러라, 나는 목 내놓고 산지 오래돼서 무서울 것 하나 없다.'라고 말하였다.

⑤ 원고는 육아휴직에서 복귀한 이후 위와 같은 차별대우를 받게 되자 극심한 스트레스로 인한 우울증을 앓게 되었고, 그로 인하여 2011.4.21.부터 2011.4.28.까지 입원치료를 받았다.

⑥ 원고는 2011.4.21.부터 2011.5.30.까지 약 40일 동안 병가를 냈는데 병가기간이 끝난 뒤에도 출근을 하지 않았고, 2011.6.27. 피고로부터 업무복귀명령서를 받고서도 업무에 복귀하지 않았다.

2. 판결

원고가 피고 새마을금고에서 근무하면서 수령한 급여액, 피고가 원고를 부당하게 대우한 기간과 그 내용, 원고는 불과 3년 6개월간 피고 새마을금고에 근무하다가 20대에 퇴직하게 된 점, 피고가 임직원을 동원해 조직적으로 원고를 부당하게 대우하였고, 그로 인하여 원고는 극심한 우울증을 앓아 병원 치료까지 받기에 이른 점, 비록 직접적인 원인으로 보기는 어렵다고 하더라도, 피고의 위와 같은 부당한 대우가 원고의 무단결근을 초래하여 원고를 직권면직에 이르게 하는데 큰 영향을 미친 것으로 보이는 점 등을 비롯해 이 사건 변론에 나타난 여러 사정을 감안하면, 위자료는 20,000,000원으로 정함이 상당하다(광주지법 2012.10.24, 2012나10375 판결 원문 인용)

3. 참고

대법 2022.7.12, 2022도4925 사건에서도, 사용자는 직장괴롭힘 신고자의 신고 후 무단결근을 이유로 해고하였으나, 관련 전문가들의 조언에 따라 1개월 후 당초 해고조치를 취소하고, 무단결근 기간을 무급휴가기간으로 변경 인사발령한 바 있습니다.

4. 시사점

① 직장괴롭힘 신고 후 신고자는 심리적 불안상태에서 '우울증'이 발생하게 되는데, 우울증이 심화되면 주변의 환경이나 세상에

대한 부정적 인지가 증가하게 되어 타인들과의 교류나 관계 자체가 감소하며, 이로 인해 스스로 고립되거나 아예 세상과 단절하고자 하는 생각이 늘어나고, 주변 사람에게 도움을 요청하거나 지원을 받는 것에 대한 회피로 이어지며, 심지어 인사팀, 감사팀 등 조사자 및 상담자에 대해서도 적대적인 태도를 보이다가 연락두절되는 경우가 발생되기도 합니다.

② 이러한 점을 감안하여 우선, 직장괴롭힘 신고 내용을 토대로 사실관계 조사 후 경위를 충분히 파악한 후, 신고자가 가장 신뢰할 수 있는 제3자를 통해 신고자에게 심리적 안정을 취하게 하고, 면담기회를 갖도록 하여야 할 것입니다.

Q&A 88

직장 내 괴롭힘 신고로 휴직 후 복직을 신청한 근로자에 대해 복직유예처분을 한 행위가 '해고 그 밖의 불리한 처우'에 해당되는지?

[서울중앙지법 2202.4.14, 2021고정2353]

1. 피고인의 직장괴롭힘 신고자에 대한 복직 유예 처분의 경우, 직장괴롭힘 신고자가 복직 의사를 표시하면서 복직이 가능하다는 취지의 진단서를 제출하였음에도 불구하고, '향후 직장 내 스트레스 악화시 증상 악화 가능성'이 있을 수 있다는 우려를 표명한

소견을 근거로 2020.11.10. 복직유예 처분을 하였고, 이에 직장 괴롭힘 신고자가 2020.11.11. 재차 '직장 내 스트레스 악화가 없다면 소견서상 우려가 현실화될 일도 없으니 복직 불허에 대해 다시 한 번 확인해달라'고 요청하였음에도 피고인은 재차 복직유예 처분을 한 점,

2. 2020.12.21. 직장괴롭힘 신고자가 피고인에게 재차 복직 신청을 하자, 피고인은 2020.12.24. 회사 인사관리규장 제31조제3항에 '업무 외 질병 부상 등 해당 사유가 소멸되지 않았을 경우 최대 3개월 1회에 한하여 복직을 유예할 수 있다'는 내용을 추가하고서 직장괴롭힘 신고자의 복직을 바로 허가하지 아니한 점 등을 종합하면,

3. 이 사건 복직유예 처분은 처분 당시 근거 없이 이루어진 강제 무급 휴직명령에 해당하고, 피고인이 2020.12.24. 인사관리규정을 개정하여 복직유예에 대한 근거를 만들었으나, 이는 직장 괴롭힘 신고자에 대한 복직유예 처분 이후 신설된 것으로, 처분 당시에는 그 근거가 존재하지 않았으며, 피고인은 정당한 사유 없이 직장괴롭힘 주장 근로자에게 근로를 제공하지 못하게 하고, 근로기준법 제46조에서 정한 휴업수당 청구권마저 행사할 수 없게 하였으며, 인사관리규정 제49조제3항제3호 또는 제4호에 따라 당연퇴직을 당할 수 있는 지위에 놓이게 하였으므로,

직장괴롭힘 신고자에 대한 복직유예처분은 '해고 그 밖의 불리한 처우'에 해당된다(서울중앙지법 2202.4.14, 2021고정2353 판결 원문 인용)

Q&A 89

조사 및 심의결과 직장괴롭힘 불성립 시, 피신고인은 신고인을 상대로 '허위사실에 따른 신고로 인한 逆직장괴롭힘 신고'가 가능한지?

1. 최초 신고인의 신고에 따른 조사결과 직장괴롭힘 행위에 해당되지 않았다고 하더라도 일반적으로 피신고인(상급자)은 신고인(하급자)을 상대로 '허위사실에 따른 신고로 인한 逆직장괴롭힘 신고'하는 것은 '지위 또는 관계의 우위에 따른 괴롭힘'이 아니므로 逆직장괴롭힘 신고는 불가합니다.

2. 다만, 신고인이 거짓신고 또는 허위신고임을 인식하고, 피신고인에게 오로지 정신적 고통을 주기 위한 목적 또는 징계를 받게 할 목적으로 직장괴롭힘 신고를 하였다면 이는 징계사유가 될 수 있을 것입니다.

3. 逆으로, 피신고인이 신고된 사건이 거짓신고 또는 허위신고가 아니라는 점을 피신고인이 알고 있었음에도 불구하고 신고인에

게 정신적 고통을 주기 위한 목적 또는 징계를 받게 할 목적으로 逆직장괴롭힘 신고를 하였다면 이는 또 다른 직장괴롭힘 행위(보복)로 간주될 수 있을 것입니다.

관련 법규정

산업재해보상보험법 제37조(업무상의 재해의 인정 기준)

① 근로자가 다음 각 호의 어느 하나에 해당하는 사유로 부상 · 질병 또는 장해가 발생하거나 사망하면 업무상의 재해로 본다. 다만, 업무와 재해 사이에 상당인과관계(相當因果關係)가 없는 경우에는 그러하지 아니하다.

1. (생략)
2. 업무상 질병

가.~나. (생략)

다. 「근로기준법」 제76조의2에 따른 직장 내 괴롭힘, 고객의 폭언 등으로 인한 업무상 정신적 스트레스가 원인이 되어 발생한 질병

신고에서 처리까지
직장괴롭힘 100문 100답

Ⅶ 직장괴롭힘 피해자 정신질병 산재승인절차

Q & A 90

회사에 직장괴롭힘 신고 또는 노동관서에 진정을 하지 않고, 곧바로 근로복지공단에 정신질병 산재신청코자 하는데 그 처리절차는 어떻게 진행되는지?

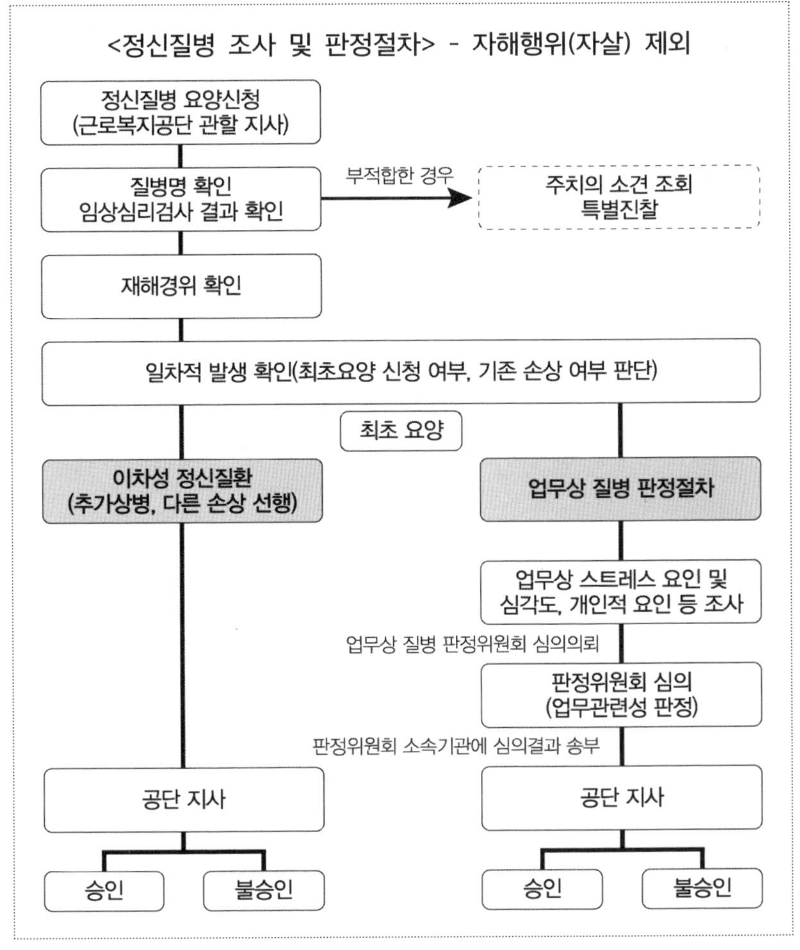

Q&A 91

근로복지공단에서 정신질병 업무관련성 조사 시 확인자료는 어떤 것이 있는지?

① 재해발생경위서(작성 사례 : Q&A 98 참조)

- 재해발생과 관련된 근로관계 등에 대한 신청인 · 보험가입자 · 동료근로자 등의 진술 또는 확인.(다만, 해당사실에 대한 증거자료가 있는 경우는 제외)

② 재해근로자의 직업력(해당 사업장 채용 전 재해 관련 직력 포함)을 확인할 수 있는 자료

③ 진료기록과 의학적 소견 및 임상심리검사 결과

④ 출근부, 업무일지 등 업무내용, 업무량 및 업무시간 등을 확인할 수 있는 자료

⑤ 직무 스트레스 평가 관련 자료 및 직무 외적 스트레스 관련 자료

⑥ 건강진단결과표

⑦ 건강보험 진료내역 등 과거병력 자료

⑧ 일상생활 및 업무수행과 관련하여 정신적 영향을 미칠 수 있는 요인을 파악할 수 있는 자료

⑨ 그 밖의 업무 및 질병 관련 자료

Q&A 92

직장괴롭힘으로 인한 정신질병 "우울에피소드"란 무엇인가?

1. 정의

- 의욕 저하와 우울감을 주요 증상으로 하여 다양한 인지 및 정신 증상을 일으켜 동기(motivation) · 인지기능 · 정신운동 활동 · 일상 기능의 저하를 가져오는 정신질병
- 주요 우울장애는 평생 유병률이 5%이고, 감정 · 생각 · 신체 상태, 그리고 행동 등에 변화를 일으키는 질병으로 일시적인 우울감과는 다릅니다.

2. 특징

- 주요우울장애가 있는 근로자는 매우 부정적 감정을 가지고 있으며 민감하고 방어적인 경우가 있습니다.
- 특히, 집중력이 감소하고 피로감이 증가하며 사고율, 결근율 등이 증가하여 업무 효율에 영향을 주고, 경우에 따라서는 정신병적 양상(관계사고 · 망상)이 나타날 수 있습니다.
- 우울증이 있는 근로자는 거의 대부분 사회적 행동에 손상을 보여, 대화에 덜 참여하고, 다른 사람과 협력하는 마음이 적어져 대인관계에 영향을 주게 되며, 우울증으로 인한 자살에 이르기도 합니다.
- 진단을 위한 필수증상은 최소 2주 이상 지속되는 우울 기분

또는 거의 모든 활동에 있어서의 흥미나 즐거움의 상실이며 이와 함께 식욕, 체중, 수면, 정신운동활동이 변화하고, 전반적인 에너지의 감소, 무가치감 또는 죄책감, 생각하고 집중하고 결정하기 어려움, 반복되는 죽음에 대한 생각 또는 자살사고, 자살계획 및 시도 등의 부가적인 증상이 동반됩니다.

3. 재해조사 관련 진단시 고려 사항

- 〈양극성 장애〉, 〈조현병〉의 음성 증상, 단순한 우울감과의 감별을 위하여 투약 기록을 포함한 자세한 의무기록 및 과거병력, 평상시의 성격과 행동 양상에 대한 조사가 필요합니다.
- 〈양극성 장애〉란, 기분이 들뜨는 조증이 나타나기도 하고, 기분이 가라앉는 우울증이 나타나기도 한다는 의미에서 '양극성 장애'라고 하고, 조울증이라고도 합니다.
- 〈조현병〉이란, 망상 · 환청 · 와해된 언어 · 정서적 둔감 등의 증상과 더불어 사회적 기능에 장애를 일으킬 수도 있는 질병으로, 종전의 정신분열병(정신분열증)이 사회적인 이질감과 거부감을 불러일으킨다는 이유로 편견을 없애기 위하여 2011년에 '조현병(調絃病)'으로 개명되었습니다.
- 유년시절의 부정적 경험은 주요우울장애의 잠재적 위험인자 중 하나이며 스트레스 상황은 촉발요인이 됩니다.

4. 업무관련 위험요인

- 높은 직무요구도, 낮은 사회적지지, 노력-보상 불균형, 직무 불안정성, 위협 및 폭력, 불공정성 등이 일반적으로 관련성이 있는 것으로 알려져 있습니다.
- 한편 장시간근로, 해고의 경험 등도 관련성이 있는 것으로 알려져 있거나 외국의 실제 업무상 질병의 보상에 있어서 인정되는 위험요인입니다.

※ 위 내용은 "정신질병 업무관련성 조사 지침"(근로복지공단 2021.1.13.)을 인용하였습니다.

Q&A 93

직장괴롭힘으로 인한 정신질병 "불안장애"란 무엇인가?

1. 정의

- 다양한 형태의 비정상적, 병적인 불안과 공포로 인하여 일상생활에 장애를 일으키는 정신질병을 통칭하는 것으로 생물학적 요인, 사회심리적 요인, 개인의 감수성이 상호작용하여 발생하는 질병
- 불안장애에 해당하는 질병으로는 공황 장애, 범불안장애, 각종 공포증(고소 공포증, 광장 공포증, 사회 공포증 등) 등이 있습니다.

2. 특징

- 대표적인 질병의 특성은 다음과 같습니다.
- 공황장애는, 호흡곤란, 현훈감, 휘청거리는 느낌, 발한, 질식감, 오심 흉통 등의 신체증상과 죽을 것 같은 혹은 미칠 것 같은 느낌의 인지적 증상의 '공황발작'을 특징으로 하고, 이러한 증상과 함께 이에 대한 염려, 걱정, 행동 변화 등이 동반되므로 단순한 공황발작과는 구분하여야 합니다.
- 범불안장애는, 과도한 불안과 걱정이 장기간 지속되며, 불안과 연관된 다양한 신체 증상(불면, 근긴장도 증가 등)을 나타내어 사회적, 직업적 기능에 있어 장애를 일으키며 이러한 걱정을 개인이 조절하기 어렵습니다.
- 각종 공포증은 특정 조건에서 불안이 과도하게 상승하여 행동에 대한 통제가 되지 않는 것이 특징으로 해당 특정 조건에 따라 별도의 진단명을 사용합니다.
- 다른 사람들 앞에서 말하거나 행동하는 것을 매우 힘들어 하는 경우 사회공포증이라고 하며, 사람이 많은 장소를 힘들어 하는 것을 광장공포증, 높은 곳에서 심하게 불안을 느끼는 경우를 고소공포증이라고 합니다.
- 불안의 정도가 과도하거나 발달상의 적정한 시기를 넘어서 지속된다는 점에서 발달과정 중에 경험하는 정상적인 공포나 불안과는 다르며, 오랜 기간 지속된다는 점에서 스트레스에 의해 유발되는 일시적인 공포나 불안과도 다릅니다.

3. 재해조사 관련 진단시 고려 사항

- 대부분의 불안장애는 개인적 감수성이 작용할 수 있는 질병으로 세부적 진단명에 따라 직업적 요인 등 사회 심리적 요인의 기여 정도가 달라질 수 있으므로 진단이 중요합니다.
- 의무기록, 과거병력, 임상심리검사 결과, 평상시의 성격과 행동 양상, 지속 기간 등에 대한 조사 필요합니다.

4. 업무관련 위험요인

- 일부 직업군을 대상으로 한 연구에서 높은 직무요구도 또는 직무변경이나 책임의 변화와 관련이 있을 가능성이 제기되고 있습니다.
- 공황장애의 경우 급성의 스트레스 사건을 경험하는 경우 증상이 악화될 수 있다는 연구가 있습니다.

※ 위 내용은 "정신질병 업무관련성 조사 지침"(근로복지공단 2021.1.13.)을 인용하였습니다.

Q & A 94

직장괴롭힘으로 인한 정신질병 "적응장애"란 무엇인가?

1. 정의

- 동반하는 주요 증상의 양상에 따라 불안장애 또는 우울에피소드 등으로 진단이 가능한 경과적 진단명

2. 특징

- 확인 가능한 스트레스 요인이 시작된 후 3개월 이내에 나타나고, 스트레스 요인(또는 그 결과)이 해소되면 6개월 이상 지속되지 않는 특징이 있습니다.
- 인식 가능한 스트레스 요인에 대한 반응으로 감정적 또는 행동적 증상이 존재하는 것이 적응장애의 필수적인 특성임. 스트레스 요인은 단일의 사건일 수 있고, 다양한 스트레스 요인이 있을 수도 있으며 반복적, 지속적일 수도 있습니다.

3. 재해조사 관련 진단시 고려 사항

- 경과적 진단명이므로 증상 시작 이후 6개월 정도 경과 후에 증상 지속 여부 평가 및 재진단이 필요한 경우가 있습니다.
- 적응장애는 정신과에서 흔하게 사용하는 진단 중 하나로 다른 정신질환의 진단기준에 미치지 못하는 경우에 진단하는 경향이 있습니다.

4. 업무관련 위험요인

- 업무와 관련하여 발생한 다양한 스트레스성 사건으로서 급격한 직무 변경과 책임의 변화 등이 포함됩니다.

※ 위 내용은 "정신질병 업무관련성 조사 지침"(근로복지공단 2021.1.13.)을 인용하였습니다.

Q&A 95

정신질병 업무관련성 판단에 있어서 고려사항

1. '주요 업무상 스트레스 요인'
   - 사건 자체의 강도와 크기 등 객관적 조건뿐만이 아니라 근로자의 주관적 충격의 정도를 감안하며,
   - 사건 발생 이후 처리과정에서의 적절한 지원과 지지, 근로자 보호가 가능한 체계였는지를 감안, 스트레스가 가중되는 과정 등을 파악하여 주요 스트레스 요인의 심각도를 확인합니다.

2. 정신질병 관련 위험요인
   - 주요우울장애와 관련하여 높은 직무요구도, 낮은 사회적지지, 노력-보상 불균형, 직무불안정성, 위협 및 폭력, 불공정성 등이 일반적으로 관련성이 있는 것으로 알려져 있습니다.
   - 한편 장시간근로, 해고의 경험 등도 주요우울장애와 관련성이 일부 있는 것으로 알려져 있으며 일본 등의 경우에서 업무관련성 판단에 있어서 인정하는 위험요인입니다.
   - 같은 업무상 스트레스 요인에 노출되었다고 하더라도 사건 발생 이후 대응조치의 적절성이나 대응과정에서의 어려움에 따라 스트레스가 가중 될 수 있습니다.
   - 또한 지속적이고 반복적으로 해당 사건에 노출되는 경우에도 스트레스가 가중되며 사건후의 상황이 지속되는 정도를 감안하여 스트레스 수준을 판단해야 합니다.

- 다음의 사건은 외국의 사례, 국내 인정 사례 등을 감안할 때 스트레스 수준이 높은 것으로 판단된 예입니다.

<스트레스 수준이 높은 것으로 판단할 수 있는 사건의 예>

◦ (질병이나 부상을 당함) 장기간 입원을 요하거나 원직장 복귀가 곤란한 수준의 질병이나 부상이 발생한 경우

◦ (업무에 관련하여 중대한 인신사고, 중대사고 경험) 타인에게 장기간 입원을 요하거나 원직장 복귀가 곤란한 수준의 부상을 입게 하고 사후 대응에도 관련하게 된 경우. 타인의 질병과 부상이 중증이 아니더라도 사후대응에서 많은 대가를 치르게 된 경우

◦ (회사의 경영에 영향을 주는 중대한 업무상 실수) 도산 또는 큰 폭의 실적 악화, 신용 하락 등에 영향을 줄 수 있는 실수를 하였고 사후 대응에도 관련하게 된 경우. 실수의 정도가 약하더라도 사후 대응에서 징계, 강등, 월급여를 넘는 배상책임을 추궁 받게 되는 등의 불이익(패널티)을 부과 받고 직장내 인간관계가 현저히 악화된 경우

◦ (퇴직을 강요받음) 퇴직의 의사가 없음을 표명했음에도 불구하고 집요하게 퇴직을 요구받은 경우나 공포감을 주는 방법을 사용한 퇴직 권유를 당한 경우

◦ (심한 괴롭힘, 따돌림, 또는 폭행) 부하직원에 대한 상사의 언행이 업무지도의 범위를 벗어나 있으며, 그 가운데 인격이나 인간성 모독을 하는 것과 같은 언행이 포함되며, 또한 이것이 집요하게 이루어진 경우. 동료 등에 의한 여러 사람이 결탁하여 인격이나 인간성을 모독하는 언행을 집요하게 하였던 경우. 치료를 필요로 하는 정도의 폭행을 당한 경우

※ 위 내용은 “정신질병 업무관련성 조사 지침”(근로복지공단 2021.1.13.)을 인용하였습니다.

Q & A 96

근로복지공단 직장괴롭힘 정신질병 재해조사의 일반적 원칙은?

1. 신청인 등의 충분한 의견 진술 기회 부여
   - 신청인, 보험가입자, 직장 동료 등 사업장 관계자와 가족, 친구 등 주변인의 진술을 확인
   - 진술하는 의견이 직접 경험에 의한 것인지 누군가의 진술을 전달하는 것인지 명확하게 조사하고
   - 관계자의 진술이 엇갈리는 경우에는 객관적 자료 확보 등을 통하여 사실관계를 확인합니다.

2. 신청인 또는 청구인의 주장사실 확인
   - 신청인, 보험가입자 등의 진술 및 주장 내용을 반드시 조사하여 사실관계를 확인하되,
   - 그 사실이 정신적 부담을 초래하였는지 여부에 대한 평가는 배제하고 "그런 사실이 있었는지" 여부를 확인합니다.

3. 조사 기간
   - 증상 발생 이전 6개월(신청인이 호소하는 증상이 나타났다고 주장하는 시기 이전 6개월) "주요 업무상 스트레스 요인"과 "개인적 요인 및 특성"을 조사하고, 이후 심각도를 높일 수 있는 추가 사건(소송 등)의 진행경과 파악합니다.

- 신청인이 주장하는 주요 원인이 증상 발생 이전 6개월 보다 그 이전인 경우에는 해당 사건(주요 스트레스 요인)의 발생 시기부터 증상발생 이전의 상황을 명확하게 조사
- '근무내용 파악'은 만성적 스트레스 수준을 조사하는 것으로 근무시간을 제외하고는 증상 발생이전 1년간의 평균적 상황을 기술합니다.

4. 업무관련 위험요인 확인

- 정신질병 유형에 상관없이 "주요 업무상 스트레스 요인"을 조사한 후 해당 스트레스 요인의 "주요 업무상 스트레스 요인의 심각도"를 확인하여 업무관련 위험요인을 집중적으로 조사
- 다만, 업무와 관련한 심리적 외상사건으로 외상후스트레스장애(PTSD), 급성 스트레스반응(ASD), 적응장애로 진단을 받은 경우 "근무내용" 중 업무시간 및 일반적 업무상 스트레스 조사 생략할 수 있습니다.

5. 객관적 자료 확보

- 심리적인 상태를 정확히 파악할 수 있도록 임상심리검사, 의학적 소견, 업무 내용, 일상생활의 변화, 심리적 변화에 대한 객관적 증거 자료나 진술 등을 충분히 확보

※ 위 내용은 "정신질병 업무관련성 조사 지침"(근로복지공단 2021.1.13.)을 인용하였습니다.

Q&A 97

근로복지공단 정신질병 재해조사의 세부내용은?

1. 신청상병의 확인 서류

① 주치의 진단서 및 소견조회 회신서

- 주치의가 정신건강의학과 전문의가 아닌 경우 임상심리검사와 함께 정신건강의학과로 특별진찰 의뢰합니다.
- 임상심리검사 결과가 없거나 제출된 검사결과가 〈정신질병 특진의료기관〉에 해당하는 의료기관에서 실시한 경우가 아닌 경우 특별진찰 의뢰합니다.

※ 특진의료기관 : 소속병원 또는 종합병원 이상으로서 정신건강임상심리사1급 자격을 가진 전문가를 보유한 산재보험 의료기관

- 종합심리검사(Full-Battery) 및 정신건강의학과 전문의 진단 확인

② 의무기록

- 직무스트레스를 확인할 수 있는 의무기록(내과, 가정의학과, 한의원 등에서 수면제 처방받은 기록 등)이 있는 경우 해당 의무기록도 확인

③ 개인 상담 기록 등

- 개인 상담 내역이 있는 경우 상담일지 및 내역 확인

2. 사업장 및 근무내용 확인

① 사업장 개요

- 사업장 명, 소재지, 근로자 수, 규모, 주요 생산품 등

② 근무내용

- 고용 및 근무 형태, 근무시간, 근무이력 등
- 일상적 업무 부담과 책임, 인력변화 등을 확인하기 위하여 근로자가 속한 부서의 조직도 및 업무분장 내역 등 확인
- 근무지 이동과 이직이 잦은 경우 그 사유 확인

3. 주요 업무상 스트레스 요인 및 심각도 확인

① 폭언・폭력・성희롱

- 내용과 지속기간, 반복성, 가해자와의 접촉 빈도 및 업무 공간 사용 등 확인
- 관련 사건에 대한 주변 동료 및 조직, 회사의 반응과 대응 과정 등

② 업무의 양과 질 변화

- 업무량, 업무내용, 근무형태 등의 변화 확인
- 구체적인 업무내용의 변화와 이에 대한 동료 근로자들의 평가 확인
- 조직도, 인력 구성, 작업매뉴얼, 업무지시서, 근로자가 작성한 기획서, 업무시간 및 휴일 등 확인
- 변화한 업무의 전임자 또는 후임자를 통한 해당 업무의 특성 확인

③ 업무의 실수・책임

- 업무상의 실수로 재해나 경제적 손해가 발생하거나 실패 시 이러한 손해가 예상되는 업무를 책임지게 되었는지 확인
- 해당 실수 또는 해당 업무를 완수하지 못했을 때 경영상의 영향(달성되지 못한 목표의 내용, 미달정도)과 불이익(패널티) 등을 파악
- 사후 대응 내용, 사후 대응을 위한 업무량, 그 후의 직장 내 인간관계 변화 등 확인

④ 회사와의 갈등

- 해고, 복직, 인사조치, 감사, 퇴직 종용, 조기퇴직, 재계약, 원치 않는 승진 등 고용 및 인사와 관련하여 회사와 갈등이 있었는지 확인
- 회사와 부당 노동행위 등에 대한 법적 절차를 밟고 있는 경우, 관련 진행 상황과 근거 서류, 지방노동위원회 등의 판단결과를 확인
- 또한 회사가 제시한 근거 및 통보 과정, 설명을 하는 상황이나 강요의 정도 (빈도, 양상), 근로자의 직장 내 인간관계 등 확인

⑤ 배치전환

- 근로자가 일방적 또는 부당하다고 느끼는 배치전환이 있었는지 확인
- 직종 및 직무의 변화(책임의 변화 포함) 정도, 전환배치 · 전근의 이유 · 경과, 전근의 경우 단신부임의 유무 및 전근 근무지의 치안 상황 등

- 업무의 어려움, 근로자의 능력·경험과 업무내용의 차이 등을 확인
- 전환배치 이후의 작업내용, 작업량의 정도, 직장내 인간관계 등을 확인

⑥ 직장내 갈등
- 상사, 동료, 부하, 원·하청사 등 업무 수행 과정에서 만나는 사람들과 갈등이 발생하였는지 확인
- 갈등의 내용과 정도(질책 등의 빈도, 양태, 그 이유, 지속시간 등), 업무에의 지장 정도, 갈등 당사자가 아닌 동료나 조직의 반응과 태도 확인
- 동료와의 갈등인 경우 직무상의 관계 확인

⑦ 업무 부적응
- 육체적 질병이나 정신적 건강 문제로 업무 수행에 어려움이 있었는지 확인
- 업무의 변화에 따른 부적응인 경우 이전에 지속적으로 수행한 업무와 변경된 업무의 내용을 구체적으로 조사하고 동료 근로자의 의견을 확인

⑧ 괴롭힘·차별
- 근로자에 대한 지속적이고 반복적인 집단 괴롭힘, 따돌림, 차별, 헛소문 등이 있었는지 확인
- 근로자가 괴롭힘 또는 차별이라 주장하는 이유, 경과, 내용, 정도 등을 확인하고,

- 근로자가 괴롭힘・차별에 대해 회사에 제기한 민원, 고충처리내용, 상담내용과 상황 및 회사의 대응과 그 결과, 회사의 지원・협력 등 확인
- 직장 내 인간관계에 대한 기본 분석 필요

4. 개인적 특성 확인

- 신청인의 평소 생활 태도 및 상황 등을 확인
- 알코올 의존, 평상시 성격, 사회 적응 문제, 만성적으로 가지고 있던 질병 등이 있는지 확인

※ 평상시 성격은 가족이나 직장 동료, 지인 등을 통하여 확인

<개인의 특성 주요 조사사항>

개인적 특성	주요 조사 사항 및 작성 요령
음주문제	◦ 알코올이나 기타 약물 복용 등의 문제가 있었는지 조사 ◦ 음주로 인해 발생한 문제 (범법 행위, 가정 문제 등) 조사 ◦ 도박 등의 행동 경향, 습관적으로 사용하는 의약품 등 조사 ◦ 평소 음주량
성격 경향	◦ 평상시의 성격에 대해 관계자 의견을 청취하여 기재
사회 적응	◦ 성장과정, 학창시절, 가정생활에서의 특이 사항 확인 ◦ 말과 행동에 있어서의 이상 사항 등 확인
신체 질병	◦ 만성적으로 치료를 받고 있거나 괴로움을 호소하는 질병이 있는 경우 그 질병의 진단 시기, 치료방법 및 경과, 부담의 정도 등을 구체적으로 조사하여 기재

5. 가족력 확인

- 신청인 또는 사망 근로자의 가족・부모・형제・자매 등의 정신질병 내역을 가급적 확인하되
- 개인정보를 침해하지 않는 범위 내에서 진술이나 의료기록 등 확인 가능한 질병 내역을 확인

6. 업무 외의 스트레스 요인

- 신청인의 업무와 무관한 개인적 스트레스 요인을 확인
- 6개월 이내의 구체적인 변화나 사건을 집중적으로 확인
- 신청인, 가족, 친족의 주요 사건, 금전관계, 업무와 관련이 없는 사건이나 사고의 체험, 주거환경의 변화, 타인과의 인간관계 등 확인
- 그 밖에 업무 이외의 중요한 스트레스 요인이 있었는지를 확인
- 증상 발생 이전 6개월 간의 상황을 중점 조사하되. 가급적 해당 스트레스 요인의 발생 시기 등을 확인

<업무 외의 스트레스 요인 주요 조사사항>

업무 외의 스트레스 요인	주요 조사사항 및 작성요령
본인의 주요 사건	◦ 해당하는 사항이 있었는지 여부를 조사하고, 그 내용과 상황, 발생시기 등을 조사하여 6하 원칙에 따라 구체적으로 기재 1. 연인과 이별 또는 이혼/별거

	2. 중한 질병이나 부상 3. 임신 또는 유산 4. 송사에 휘말림 5. 기타
자신 외의 가족 · 부모 · 형제 · 자매의 사건	◦ 해당하는 사항이 있었는지 여부를 조사하고, 그 내용과 상황, 발생시기 등을 조사하여 6하 원칙에 따라 구체적으로 기재 1. 배우자나 자식, 부모나 형제가 사망 2. 배우자나 자식, 부모나 형제가 중한 질병이나 부상 3. 가족관계 불화 4. 기타
금전 관계	◦ 해당하는 사항이 있었는지 여부를 조사하고, 그 내용과 상황, 발생시기 등을 조사하여 6하 원칙에 따라 구체적으로 기재 1. 거액의 재산을 손실하거나 갑자기 큰 지출 2. 수입의 감소 3. 채무상환이 늦어져 곤란하게 됨 4. 큰 빚을 지게 됨 5. 기타
주거환경의 변화	◦ 해당하는 사항이 있었는지 여부를 조사하고, 그 내용과 상황, 발생시기 등을 조사하여 6하 원칙에 따라 구체적으로 기재 1. 소음 등 주택 주위 환경(이웃과의 관계 포함) 악화 2. 이사를 함 3. 가옥이나 토지를 매수했거나 이를 위한 자금 조달 계획 등이 구체적으로 세워짐 4. 가족 외의 사람(지인, 하숙인 등)이 같이 살게 됨 5. 기타

타인과의 관계	◦ 해당하는 사항이 있었는지 여부를 조사하고, 그 내용과 상황, 발생시기 등을 조사하여 6하 원칙에 따라 구체적으로 기재 1. 친한 친구나 선배가 사망함 2. 이웃과의 트러블이 있음 3. 기타
음주	◦ 해당하는 사항이 있었는지 여부를 조사하고, 그 내용과 상황, 발생시기 등을 조사하여 6하 원칙에 따라 구체적으로 기재 1. 평소 음주량 2. 음주로 인한 치료 내역
성격	◦ 해당하는 사항이 있었는지 여부를 조사하고, 그 내용과 상황, 발생시기 등을 조사하여 6하 원칙에 따라 구체적으로 기재 1. 가족 진술 2. 상사/동료/후배 진술
기타	◦ 그 밖에 업무 외의 스트레스 요인이 있는 경우에는 그 내용과 상황을 조사하여 6하 원칙에 따라 구체적으로 기재

※ 위 내용은 "정신질병 업무관련성 조사 지침"(근로복지공단 2021. 1.13.)을 인용하였습니다.

Q&A 98

직장괴롭힘 정신질병 재해발생경위서 작성 사례

1. 신청인의 근무 현황

① 신청인은 2008.6. ○○도 소재 (주)000(이하 '회사'라 한다)에 입사한 이래, 인사팀, 영업전략팀(2010.5)을 거쳐, 2014.3.부터 IT기술팀에서 근무하게 되었는바,

인사팀 (2008.6.)	⇨	영업전략팀 (2010.5.)	⇨	IT기술팀 (2014.3.)

② 이는 회사가 2014.3.부터 추진해온, 디지털 트랜스포메이션 사업을 성공적으로 수행하기 위해서는 IT분야 인력외 현업에서의 다양한 직무수행 유경험자가 필요하게 되었고, 여기에 인사·영업전략 등의 직무에 6년간 경험을 쌓은 신청인이 차출되어 아래와 같은 업무를 수행하게 되었습니다.

<신청인의 업무 수행 내용(2014.3.~2020.3.14.)>

순위	업무	내용
1	ERP-SAP 운용	전사적자원관리 운영체계(ERP)의 기준정보(마스터데이터) 표준체계 수립 및 데이터 품질관리
2	RPA 적용	로봇프로세스자동화[RPA(robotic process automation)]시스템 적용대상업무 발굴·운용 업무
3	웹사이트 구축	사내외 웹사이트 유지보수 및 구축 프로젝트 수행

※ 신청인은 2020.3.15.자로 위 업무에서 전부 배제(후술)

[제1호 증 : 인사기록부 사본]

2. 신청인의 근무평가

① 2018년도 성과관리 시스템에 기재된, 신청인에 대한 평가자 최종평가의견은 아래와 같습니다.

구분	평가자 평가의견
역량평가	"과제 수행과 운영지원에 필요한 현업소통과 업무추진 활동이 충실하게 발휘되었다. 담당업무에 대한 책임감을 가지고 추진력 있게 수행하여 과제에 대한 목표한 바를 달성하였다"
업적평가	"데이터 품질관리 관점에서 비즈니스의 큰 영향없이 안정적으로 운영되었다. 업무수행과정에서 적극 참여는 매우 좋았다"

[제2호 증 : 신청인에 대한 2018년도 역량평가, 업적평가 각 1부]

② 신청인은 2015년도에는 "○○○○사업" 성공적 수행에 대한 공로를 인정받아 포상을 받은 바 있습니다.

[제3호 증 : 신청인의 "○○○○ 사업" 포상내역]

③ 신청인은 2008.6. 입사 이래 현재까지 회사에서 매년 시행하는 근무성과평가에서 S, A, B, C, D 중 항상 "B" 등급 이상을 판정받았습니다.

3. 신청인에 대한 퇴직강요 배경

① 2019. 8.경 신청인 소속 팀장인 장○○로부터 ○○○ 운용업체 입찰선정과 관련하여 특정업체에 유리하게 점수배정할 것을 요구받았으나, 신청인이 이를 거절하자,

② 이후 신청인의 근무부서 내에서는, "(신청인이) 동료와의 인간 관계에 문제가 있다", "저성과자로 분류되어 조기퇴직대상자로 선정되었다"라는 소문이 나돌기 시작하였으며,

③ 2019.11.26. 이후부터 신청인 소속 부서장인 당시 박○○ 상무로부터 공식적으로 3일간 3차에 걸쳐 퇴직강요 면담이 시작되었는데, 면담의 배경에는 이미 회사의 조기퇴직대상자에 신청인이 포함되었음을 전제로 한 것이었습니다.

※ 당시 팀장은 입찰과 관련하여 자신의 부당한 업체선정 시도가 신청인의 반대로 좌절된데 대한 보복으로 신청인을 조기퇴직대상자 명단에 포함되도록 작용

[제4호 증 : 퇴직강요 면담요청 사내메신저 출력본 3건]

4. 신청인에 대한 퇴직강요(2019.9.~12.31.)

가. 면담을 통한 퇴직강요

- 2019.11.26. 당시 신청인의 소속 부서장인 박○○ 상무로 부터 퇴직강요 면담이래, 이 기간 4차에 걸쳐, 아래와 같이 퇴직강요를 받았습니다.

[직장괴롭힘(퇴직강요) 일지]

차수	일시	퇴직강요 면담내용	비고
1	2019.11.26. 09:30~10:00,	◦ 회사에서 조기퇴직대상자로 선정되었으니 나갈 것인지, 남을 것인지 잘 생각하	

	박○○ 상무, 6층 A회의실	기 바라며, 나가서 새로운 길을 개척하는 것도 좋을 수 있다고 본다.	
2	2019.11.28, 10:30~10:50, 박○○ 상무, ○○커피숍	◦ 조기퇴직대상 프로그램에 선정되었다는 것은 심각하게 고민해야 할 부분이다. 퇴사거부 시에는 회사로부터 엄청난 부담・불편함이 뒤따를 것이다. 그럴 바에는 퇴사하고 새로운 기회에 도전하는 것이 나을 수 있다고 본다.	
3	2019.11.29, 09:45~10:05, 박○○ 상무, 3층 휴게실	◦ 퇴사하지 않고 남을 경우, 단단히 각오해야 할 것이다. 잘 판단하기 바란다.	
4-①	2019.12.5, 16:00~17:00 장○○ 팀장, ○○커피숍	◦ 회사에서 12.31.까지 수십명 조기퇴직자 선발하라는 지시가 있었다. 어차피 우리 팀에서는 정○○ 씨가 선정되었으니, 거취문제에 대해 조속히 결정하여 알려주기 바란다.	
4-②	2019.12.11. 15:00~17:00 장○○ 팀장, 3층 휴게실	◦ 4-①차 면담 시와 유사 내용	

[제5호 증 : 제2차 면담 사본]

나. 이메일을 통한 퇴직강요

– 당시 팀장 장○○는 신청인에게, 2019.12.20. 아래와 같은 내용으로 이메일을 발송하였습니다.

발신인 : 장○○(2019.12.20 17:01:56)
수신인 : 정○○
제목 : 조기퇴직자 대상에 대한 전달

정○○님은 IT기술팀에서 저성과자로 선정되어 조기퇴출대상입니다.

이유 : 회사방침에 따라 조기퇴직자로 결정된 사항임.

이러한 이유로 조직에서 퇴직대상은 합당하며, 역량이나 희망하는 다른 업을 찾는 것이 낫다고 판단됨.

[제6호 증 : 2019.12.20.자 IT기술팀장 장○○의 이메일 전문]

5. 퇴직강요(2020.1.2.~현재)

2020년도에 들어와서도 신청인에 대한 퇴직강요는 멈추지 않고 계속되었습니다.

[직장괴롭힘(퇴직강요) 일지]

차수	일시	퇴직강요 면담내용	비고
5			
6			
7			
8			

[제7호 증 : 제5차 면담 사본]

[제8호 증 : 제7차 면담 사본]

[제9호 증 : 제8차 면담 사본]

6. 업무배제 인사발령을 통한 퇴직강요(2020.3.15.)

- 신청인은 현재 수행 중인 로봇프로세스자동화(RPA) 시스템 개발 업무가 성과를 내기 시작하고 있고 또한 신청인의 적성에도 맞으므로 계속 현재 담당업무를 수행하게 해달라고 수차례 요청하였음에도 불구하고,
- 끝내, 회사는 2020.3.15.자로 신청인을 다른 "팀"(회사의 모든 업무는 팀 단위로 수행)으로 발령하지 않고, 정보기술본부(본부장 직속 의미)로 인사발령을 한 바, 이는 신청인을 업무에서 배제시키는 퇴직강요 조치에 해당합니다.

[신청인에 대한 업무배제 인사발령]

IT기술팀 (고유업무수행)	⇨ 2020.3.15.	정보기술본부 (고유업무 ×)

[제10호 증 : 신청인에 대한 2020.3.15.자 업무배제 인사발령]

- 만일, 신청인이 저성과자 내지 무능력자에 해당한다면, 회사는 차라리 합법적으로 해고를 하여야 함에도 불구하고, 해고조치를 취하지 않은 채, 지속·반복적으로 면담·이메일·업무배제 인사발령 등을 통해 신청인으로 하여금 스스로 퇴직을 하도록 유도하는 것은 직장괴롭힘의 전형적 행태이라고 할 것입니다.

7. 신청인의 재해상태

신청인은 이러한 회사의 지난 약 7개월간의 지속적인 사퇴강요에 의해, 위염 · 스트레스 · 불면증 · 우울증으로 정신적 · 육체적 고통을 겪다가, 2020. 1. 7.부터 ○○도 소재 "○○정신건강의학과"에서 치료를 받기 시작한 이래, 현재 통원치료 중에 있습니다.

8. 주치의 소견

[주치의 진단서 기재 내용(2020.2.14.)]

구분	기재 내용
병명	"우울증 NOS, 불안 NOS"
소견	"2019년 9월부터의 직장내 스트레스 주소로 2020년 1월 7일 내원하여 시행한 검사상 심한 우울, 불안 소견있어, 상기 진단하에 치료시작하였으며, 향후 부정기간(최소3개월)의 치료 및 안정가료가 필요"

[제11호 증 : 2020. 2. 14.자 ○○정신건강의학과 주치의 진단서]

9. 신청인의 과거병력 및 가족력

- 과거 병력 : 출생 후 현재까지 정신질환에 노출된 이력이 없음

[제12호 증 : 신청인의 건강보험 요양급여 내역]

- 가족력 : 특이사항 없음

10. 결론

- 신청인은 2008.6. 입사이래 12년간 근무평가에서 항상 "B"

등급 이상 판정받아왔을 뿐 아니라, 포상수상실적 등을 감안하여 볼 때, 아무런 문제없이 성실하게 업무를 수행하여 오던 중,

- 2019. 8. 당시 소속 팀장과의 마찰을 계기로, 회사의 조기퇴직대상자로 선정된 이래, 7개월 간 8차에 걸친 소속 상사들로부터 면담을 통해 지속적인 퇴직강요를 받고,
- 신청인은 회사의 이러한 퇴직강요에 의해 심한 불면증・우울증・불안으로 고통을 받으면서 지내다가, 2020.1.7. ○○정신의학과 치료를 받기 시작하였고, 2020.2.14. ○○정신의학과 병원에서 "2019년 9월부터의 직장내 스트레스 주소로 검사상 심한 우울, 불안 발생"이라는 진단을 받게 되었습니다.
- 이러한 진단에도 불구하고, 회사의 퇴직강요는 계속되었고, 신청인이 퇴사를 거부하자, 회사에서는 신청인을 IT기술팀에서 퇴출시키고, 2020.3.15.(다른 팀으로 전보발령 대신) 전례가 없는 "정보기술본부"라는 인사발령을 내고, 기존업무 배제시킨 후 정해진 직무조차 없이, 정보기술본부장인 상무급 임원이 수시로 지시하는 과제를 수행하여야 하는 비정상적 상황에 처하게 된 바, 결국에는 신청인을 저성과자로 낙인찍어 스스로 퇴사하게 만들 것이라는 극심한 공포의 나날을 보내게 되었습니다.
- 결론적으로, 신청인의 질병은 산업재해보상보험법 제37조 제1항 제2호에 따른 직장괴롭힘(퇴직강요)으로 인한 정신적 스

트레스가 원인이 되어 발병한 질병에 해당하므로 업무상재해로 인정해 주시기 바랍니다. 끝.

2020.3. 신청인 정○○

입증서류

◦ 제1호 증 : 인사기록부 사본
◦ 제2호 증 : 신청인에 대한 2018년도 역량평가, 업적평가 각 1부
◦ 제3호 증 : 신청인의 "○○○○ 사업" 포상내역
◦ 제4호 증 : 면담요청 사내메신저 출력본 3건
◦ 제5호 증 : 제2차 면담 사본
◦ 제6호 증 : 2019.12.20.자 IT기술팀장 장○○의 이메일
◦ 제7호 증 : 제5차 면담 사본
◦ 제8호 증 : 제7차 면담 사본
◦ 제9호 증 : 제8차 면담 사본
◦ 제10호 증 : 신청인에 대한 2020.3.15.자 업무배제 인사발령
◦ 제11호 증 : 2020.2.14.자 ○○정신건강의학과 주치의 진단서
◦ 제12호 증 : 건강보험 요양급여 내역

근로복지공단 ㅇㅇ지사장 귀하

Q&A 99

직장괴롭힘 정신질병 산재승인 사례

[서울행법 2019.5.2, 2018구단69496]

1. 처분의 경위

가. 원고는 2013.5.1. 주식회사 ○○○○○○○(이하 '이 사건 회사'이라 한다)에 입사하여 근무하던 중, 2017.7.4.경부터 우울감, 불안, 불면 등을 호소하며 정신과 진료를 받았고 2017.10.30. '적응장애, 혼합형 불안 및 우울장애(이하 '이 사건 상병'이라 한다)'를 진단받았다.

나. 원고는 피고(근로복지공단)에게 요양급여신청을 하였으나, 피고는 2018.7.31. 원고에게, '① 적응장애는 원고의 의무기록지, 심리검사결과지 검토 결과 상병 확인되나 업무와의 인과관계를 인정하기 어렵고, ② 혼합형 불안 및 우울장애는 의무기록지의 호소내용 및 구술심리에서 본인의 의사를 조리 있게 잘 말하고, 위원들의 모든 질문에 명확히 의사 표시를 하는 모습으로 보아 인정하기 어렵다'는 사유를 들어 요양불승인처분(이하 '이 사건 처분'이라 한다)을 하였다.

2. 이 사건 처분의 적법 여부

가. 원고의 주장

원고는 이 사건 회사가 ○○○○○○ 주식회사(이하 '○○○○'

이라 한다)로부터 고객상담 업무를 위탁받아 운영하는 ○○○센터(이하 '이 사건 센터'라 한다)의 센터장으로서 업무를 담당하였다. 이 사건 센터의 관리 권한은 센터장인 원고에게 있음에도 불구하고 ○○○○의 계약담당자인 소외1 과장은 센터 운영에 과도하게 개입하여 업무에 관한 결정권을 행사하였고, 원고를 배제한 채 상담사들에게 직접 의견을 청취하고 업무를 처리하였으며, 원고에게 퇴사를 강요하는 등 지속적인 스트레스를 주었다.

더욱이 소외1 과장은 이 사건 회사에 센터장의 교체를 요청하였고, 이 사건 회사는 위 요청에 따라 2017.10.13. 원고를 일반 상담사로 발령하였다. 원고가 부당전직구제신청을 제기하자 이 사건 회사는 2017.11.10. 원고를 원직에 복귀시켰으나 사실상 업무에서는 배제된 상태이다.

원고는 위와 같이 업무로 인한 지속적인 스트레스를 받아 이 사건 상병이 발생하였음에도 이와 다른 전제에 선 이 사건 처분은 위법하므로 취소되어야 한다.

나. 인정사실

1) 원고의 근무 내력

가) 이 사건 회사는 보험상품의 대리·중개업을 영위하는 회사로서 ○○○○으로부터 고객상담 업무를 위탁받아 이 사건 센터를 운영하였다. 이 사건 회사와 ○○○○ 사이의 ○○○ 고객센터 업무위임 계약 중 이 사건 관련 부분은 아래와

같다.

제1조 목적

본 계약은 갑(○○○○, 이하 같다)이 본 계약 제4조에서 정한 업무의 처리를 을(이 사건 회사, 이하 같다)에게 위임하고, 을이 갑으로부터 위임받은 업무를 신의와 성실의 원칙에 입각하여 이행하는데 있어 필요한 갑과 을의 권리·의무 관계를 명확히 하는데 그 목적이 있다.

제2조 용어의 정의

본 계약에서 사용하는 용어의 정의는 다음과 같다.

1. "계약담당자"라 함은 갑의 e보험추진팀을 말한다.

제7조 업무보고

을은 일간, 주간, 월간 단위로 근무 인원, 상담 결과 등 갑과 합의한 내용에 대하여 갑에게 보고하여야 한다.

제14조 계약담당자의 계약이행 감독

① 계약담당자는 필요하다고 인정할 때에는 을의 업무수행 과정 등 계약 이행 상황을 점검할 수 있다. 다만, 을은 특별한 사정이 있을 경우에는 갑에게 점검 시기의 조정 등을 요청할 수 있다.

② 갑은 을의 직원이 갑이 을에게 위임한 본 계약 제4조에서 정한 수행업무를 수행함에 있어서 다음 각 호의 사유로 부적합하다고 판단될 경우 을에게 그 시정이나 교체를 요청할 수 있으며, 을은 갑의 요청에 대한 수용 여부 등 처리결과를 갑에게 통보하여야 한다.

1. 고객 응대를 위한 품위 유지 등 고객서비스를 위한 갑의 지시사항을 이행하지 않을 때
2. 법률을 위반하거나 갑의 신용이나 명예를 훼손한 경우
3. 무단결근, 지각 등 기타 근무태도가 불성실하거나, 직무 또는 기

술 등급에 비추어 업무수행 능력이 현저히 떨어지거나 부적합하다 고 판단되는 경우

제25조 현장관리자

① 을은 본 계약의 효율적인 수행을 위하여 현장관리자를 선임하여 갑이 지정하는 장소에 상주하도록 하여야 한다.

② 제1항의 현장관리자에 대한 갑의 통지는 을에게 직접 한 것으로 보고 현장관리자에 대한 갑의 의사표시는 을에게 통지한 것으로 간주된다.

③ 현장관리자는 다음 각 호에 해당되는 임무를 담당한다.

1. 계약담당자가 의뢰한 업무 접수
2. 계약담당자가 의뢰한 업무를 검토하여 지정된 시간 내에 동 업무를 정확하게 완성하도록 한 후 계약담당자에게 결과보고 및 전달
3. 제4조에서 정한 수행업무를 이행하는 직원을 대상으로 한 교육·지휘·감독 등 업무수행
4. 계약담당자와 수시로 접촉하여 을과의 원활한 교류를 책임지며 고품질의 서비스를 제공할 수 있도록 갑과 을 지원

나) 원고는 2013.5.1. 이 사건 회사에 입사하여 이 사건 센터의 현장관리자(센터장)로 근무하면서 센터의 상담인력 및 업무관리, ○○○○의 계약담당자에 대한 업무 보고, 응대 업무 등을 수행하였다.

다) 2016.4.6.경 ○○○○의 계약담당자 소외1 과장은 원고에게 주간, 월간운영현황 보고서를 작성하여 제출할 것을 요청하였다. 원고는 소외1 과장이 기존에 요구하지 않던 보고서를 갑자기 요청하고, 상담사들에게 직접 업무지시를 하거

나 애로 사항을 청취하여 원고에게 이를 전달하자 소외1 과장이 센터 관리에 관하여 원고를 신뢰하지 못하고 과도하게 개입한다고 생각하여 불만을 가졌고, 원고와 소외1 과장 사이에 여러 사건들로 마찰이 발생하며 갈등이 지속되었다.

라) 원고는 2017.4.12. 소외1 과장에게 '이번 신입 상담사 채용과 교육까지 마무리 되면 퇴사하겠다고 본사에 밝혔다'는 내용으로 퇴사 의사를 밝히는 메일을 보냈다.

마) 소외1 과장은 2017년 5월 하순경 신입 상담사 교육이 마무리되었음에도 아무런 인사 변동이 없자 이 사건 회사에 원고가 스스로 퇴사 의사를 밝혔고 업무를 적절히 수행하지 못하였기 때문에 현장대리인을 교체하여야 한다는 의견을 밝혔고, 2017년 6월 하순경 원고에게도 이러한 상황에 대하여 고지하였다.

바) 이 사건 회사는 소외1 과장의 요청을 받아들여 신임 센터장을 채용하고, 2017.10.13. 원고를 2017.10.16.자로 QA센터 일반상담사로 발령하였다.

사) 원고는 위 인사발령에 대하여 2017.10.31. ○○지방노동위원회에 부당전직구제신청을 제기하였다.

아) 이 사건 회사는 2017.11.10. 위 인사발령을 취소하고 원고를 원직에 복직시켰고, 원고는 위 부당전직 구제신청을 취하하였다. 그러나 이 사건 회사는 신임 센터장이 이미 근무중이라는 이유로 상담사 5명 가량 규모의 이 사건 센터에

2명의 센터장을 배치하고, 원고에게 직무를 부여하지 않고 소속 상담원도 배정하지 않는 등 사실상 원고를 업무에서 배제하였다.

2) 원고의 가정생활에서의 스트레스 요인

원고는 혼인하여 슬하에 아들, 딸 쌍둥이 자녀를 두었다. 자녀들이 3세 무렵 배우자의 외도로 이혼을 하였다가 2년 가량 재결합하였으나 잦은 다툼으로 2012.경 다시 이혼하고 자녀들을 양육하여 왔다. 원고는 자녀들의 교육에 관심이 많았는데 아들은 과학고에 진학하였으나, 2016.11.경 딸은 예고 입학에 실패하였다.

3) 의학적 소견

가) 원고 주치의(○○○○병원 의사 소외2) 소견

환자 진술상 직장에서의 스트레스와 연관된 불안감, 우울감, 불면, 식욕부진을 호소하여, 주상병 적응장애, 부상병 혼합형 불안우울 장애 진단.

나) 이 법원의 ○○의료원장에 대한 진료기록감정촉탁결과

- 원고에 대한 적응장애 진단
  - 원고는 이혼 3년 이후부터 생활에 대한 불만, 이전부터 지속적인 스트레스 요인들이 있었고, 소화 어려움, 사소한 것에 화가 나고 짜증이 나는 자극 과민성, 긴장, 불안 등이 있었음. 2017년부터 직장에서의 어려움이 있었고, 사직이나 경제적 여건들로 인한 스트레스, 불안감, 부정적인 사고 등 증상이 있었음. 이것은 심리검사에서도 확인이 됨. 따라서 원고는 적응장애 진

단이 가능할 것으로 판단됨.

- **원고의 적응장애 발병의 원인**
  - 일반적으로 적응장애 등 정신과적 질환은 스트레스 이외에도 개인의 유전적 요인, 신경생화학적 요인, 심리사회적 요인 등이 복합적으로 작용하여 발생하는 질환임. 원고는 결혼 생활 및 이혼, 자녀 양육 등 지속적인 스트레스 요인들이 있었고, 2017년부터 직장에서의 어려움, 스트레스가 있었음. 이러한 개인적 및 직장에서의 스트레스가 모두 복합적으로 작용했을 것으로 보임.
  - 하지만, 건강보험 요양급여 내역상 2008.1.1.부터 2017.7.4. ○○○○병원 정신과 진료 이전까지는 정신과적 질환으로 인한 진료 내역이 없고, 직장생활을 유지하며 아이들을 양육하고 일상생활을 유지한 것으로 보임. 2017년 들어 직장에서의 스트레스 이후 불안감 등의 증상 악화가 있었고 이것은 진료 및 약물 복용이 필요할 정도였음. 따라서 2017.7.4. 이후 원고의 적응장애 발병은 직장에서의 스트레스가 더 직접적인 요인으로 작용한다고 볼 수 있음.

- **원고에 대한 혼합형 불안 및 우울장애 진단**
  - 혼합형 불안 및 우울장애의 진단기준을 고려해 보았을 때 면담시 본인의 의사를 조리있게 잘 말하고 위원들의 모든 질문에 명확히 의사표시를 하는 등의 모습만으로 이 진단을 배제할 수는 없음.
  - 혼합형 불안 및 우울장애의 진단기준, 적응장애의 진단기준, 적응장애의 감별진단을 참고하였을 때 ① 혼합형 불안 및 우울장애와 적응장애 둘 다 불안과 우울감이 주증상으로 비슷한 양상으로 나타날 수 있음, ② 혼합형 불안 및 우울장애와 적응장애

둘 다 불안장애 혹은 우울장애 등 다른 정신질환으로 진단될 만한 정도의 증상을 보이지는 않음, ③ 이러한 증상이 스트레스 요인 이후 발생할 경우 적응장애라고 함, ④ 원고의 증상이 스트레스 이후 발생하였고, 이것은 다른 정신장애의 기준에 해당될 정도는 아님. 이러한 이유로 원고의 진단은 적응장애 단일 진단으로 내리는 것이 합당함.

- **원고에 대한 업무 변경 및 인사 조치 등으로 이 사건 상병이 심화되었는지**
  - 2017.8.8. '약 먹고 나서 차분해진 느낌인 것 같다. 목 빨갛게 올라오고 하는 건 거의 없어졌다' / 2017.8.29. '약 먹고 나서 그런 증상이 가라앉는 듯한 기분이 들었는데, 요 근래에는 좀 올라오는 느낌' / 2017.9.26. '회사에서 스트레스가 많은 편이다. 그런 일이 있으면 목이 빨개지고 확 올라온다. 잠을 자다가 계속 깨는 증상이 있다' / 2017.10.16. '회사 때문에 스트레스를 받고 있는 상태이다. 계속 불안하고 출근할 때는 잠을 못자고, 온 몸이 떨리고, 회사를 가면 갇혀있는 느낌'
  - 이에 따르면 2017.8.8. 약물치료 이후 증상 호전이 있었으나 2017.8.29.부터 증상이 다시 발생하였고, 2017.9.26.부터 회사에서 스트레스가 있으면서 불면, 불안 등의 증상이 악화됨. 초진일 이후 증상이 심해졌다고 볼 수 있음.
- **원고의 증상 및 이 사건 상병 발병 등의 원인이 원고의 개인적 특성(폐경기 및 갱년기 상태)과 연관이 있는지**
  - 적응장애에 폐경기 및 갱년기 상태는 신경생화학적 요인으로 영향을 줄 수 있음.
- **회사의 일방적인 강등, 이후 형식적인 복직 조치 등으로 원고가 강한 스트레스를 받았는지**

- 2017.11.13. '회사에서 다시 발령이 났다. 더 불안하고 좌불안석이고 얼굴도 못 들겠고.' / 2017.11.24. '요샌 스트레스가 많아 회사와 싸우고 있는 상태'
- 이에 따르면 원고는 2017.11.경 회사에서의 발령으로 인한 스트레스가 있었던 것으로 보임. 이외 스트레스 요인에 대한 기술은 없음.

3. 판단

1) 산업재해보상보험법상 업무상 재해라 함은 근로자의 업무수행 중 그 업무에 기인하여 발생한 질병을 의미하는 것이므로 업무와 질병 사이에 상당인과관계가 있어야 하고, 이 경우 근로자의 업무와 질병 사이의 인과관계에 관하여는 이를 주장하는 측에서 입증하여야 한다. 질병의 주된 발생 원인이 업무수행과 직접적인 관계가 없더라도 적어도 업무상의 과로나 스트레스가 질병의 주된 발생 원인에 겹쳐서 질병을 유발 또는 악화시켰다면 그 사이에 인과관계가 있다고 보아야 할 것이고, 그 인과관계는 반드시 의학적·자연과학적으로 명백히 입증되어야 하는 것은 아니며 제반 사정을 고려할 때 업무와 질병 사이에 상당인과관계가 있다고 추단되는 경우에도 입증이 되었다고 보아야 하고, 또한 평소에 정상적인 근무가 가능한 기초질병이나 기존질병이 직무의 과중 등이 원인이 되어 자연적인 진행속도 이상으로 급격하게 악화된 때에도 그 입증이 된 경우에 포함되는 것이며, 업무와

질병과의 인과관계의 유무는 보통평균인이 아니라 당해 근로자의 건강과 신체조건을 기준으로 판단하여야 한다(대법 2007.4.12, 2006두4912 판결 등 참조).

2) 이 사건 상병 중 '적응장애'에 관한 판단

위 인정사실 및 갑 제8호증의 기재에 변론 전체의 취지를 종합하면 인정되는 다음의 사정들에 비추어 볼 때, 이 사건 상병 중 적응장애는 원고에 대한 부당한 인사발령 등 업무상 사유로 인한 스트레스가 그 원인이 되어 발병한 것으로 봄이 상당하므로, 이 사건 처분 중 적응장애에 대한 부분은 위법하다.

① 소외1 과장은 2017년 5월 하순경 이 사건 회사에 대하여 센터장의 교체를 요청하였고, 2017년 6월 하순경 원고에게도 위와 같은 사실을 고지하였다, 원고는 그로부터 얼마 지나지 않아 2017.7.4. 정신과를 방문하여 불안, 우울, 불면 증세를 호소하였다. 업무위임계약에 따르면 ○○○○의 계약담당자인 소외1 과장은 원고의 업무를 지시・감독하고, 이 사건 회사에 센터장의 교체를 요청할 수 있는 권한이 있으며, 이 사건 회사로서는 향후 계약 관계 유지를 위하여 위 요청을 쉽게 거부할 수 없었으리라 보이는바 소외1 과장의 센터장 교체 요구는 원고에게 매우 큰 스트레스 요인으로 작용하였을 것으로 보인다. 피고는, 원고가 2017.4.12. 이미 소외1 과장에 대하여 '이번 신입 상담사 채용과 교육까지 마무리 되면 퇴사하겠다고 본사에 밝혔다'는 취지의 메일을 보냈으므로

퇴사를 강요받은 것은 아니라는 취지로 주장하나, 위 사실만으로 원고가 이 사건 회사에 대하여 명시적이고 종국적으로 퇴사의 의사를 밝혔다거나 이 사건 회사가 원고의 퇴직 의사를 받아들였다고 볼 수 없는바, 위 메일 발송 이후 수개월간 원고에 대하여 어떠한 인사 변동이 없는 상황에서 소외1 과장의 센터장 교체 요구 사실은 원고에게 충분히 스트레스의 요인으로 작용하였을 것이다.

② 더욱이 이 사건 회사는 2017.10.13. 센터장의 직위에 있던 원고를 일반 상담사로 발령하였고, 원고가 부당전직 구제신청을 하자 2017.11.10. 원고를 원직에 복직시키기는 하였으나 사실상 원고를 업무에서 배제하였다. 원고에 대한 ○○○○병원의 진료기록지에 의하면, 원고는 2017. 10. 16. '회사 때문에 스트레스를 받고 있는 상태이다. 계속 불안하고 출근할 때는 잠을 못자고, 온 몸이 떨리고, 회사를 가면 갇혀있는 느낌', 2017.11.13. '회사에서 다시 발령이 났다. 더 불안하고 좌불안석이고 얼굴도 못 들겠고.', 2017.11.24. '요샌 스트레스가 많아 회사와 싸우고 있는 상태'등 회사에서 받는 스트레스를 호소하였는바, 이 사건 회사의 인사발령 및 이후의 복귀 과정에서 원고는 상당한 스트레스를 받은 것으로 보이며, 초진일 이후 적응장애 증상이 더욱 악화되었다.

③ 피고는 2017.7.4.자 초진일의 진료기록상 업무 외적인 스트레스에 대한 내용은 명확하게 드러나는 반면, 업무와 연관된

내용은 거의 찾아볼 수 없으므로 업무와 이 사건 상병과의 상당인과관계를 인정할 수 없다고 주장한다. 그러나 초진일에는 원고의 상황, 배경 등을 충분히 이해하고자 하는 면담의 결과 원고의 개인적 상황에 관한 진술이 구체적으로 기재되었을 것으로 보이고, 원고는 초진 이후 2017.7.11. 및 2017.9.26. 이후에 이루어진 진료에서는 지속적으로 주로 회사에서의 소외1 과장과의 갈등관계, 회사의 부당전직 조치 등으로 인한 스트레스를 호소하였다.

④ 원고가 과거 배우자와의 불화 및 이혼, 이혼 이후 자녀들의 양육, 2016.11. 자녀의 예고 진학 실패로 스트레스를 받았을 것으로 보이기는 하나 당시에는 정신과를 찾아가는 등 적극적인 조치는 취하지 않았는바, 위 개인적 영역에서의 문제들이 이 사건 상병의 발생에 결정적인 요인으로 작용한 것으로는 보이지 않는다. 또한 피고 주장과 같이 원고의 갱년기가 적응장애 증상의 발병 내지 악화에 영향을 미쳤을 가능성을 배제할 수 없다 하더라도, 앞서 본 바와 같이 원고의 적응장애에 인사발령 등 업무로 인한 스트레스가 주요한 원인으로 작용하였다고 봄이 상당한 이상 업무와 적응장애 사이에 상당인과관계 인정 여부를 달리 볼 것은 아니다.

⑤ 진료기록감정의도 원고의 적응장애 발병에는 개인적 및 직장에서의 스트레스가 모두 복합적으로 작용했을 것으로 보이나, 원고의 건강보험 요양급여 내역 등에 비추어 볼 때 원

고의 적응장애 발병은 직장에서의 스트레스가 더 직접적인 요인으로 작용한 것으로 볼 수 있다는 소견을 밝혔다.

3) 이 사건 상병 중 '혼합형 불안 및 우울장애'에 관한 판단

이 법원의 진료기록감정촉탁결과에 의하면, 혼합형 불안 및 우울장애와 적응장애 둘 다 불안과 우울감이 주증상으로 비슷한 양상으로 나타날 수 있는데, 이러한 증상이 스트레스 요인 이후 발생한 경우 적응장애에 해당하고, 원고의 증상은 스트레스 이후 발병하였으므로 원고에 대하여는 적응장애의 단일진단이 합당하다고 봄이 타당하다는 전문의의 소견이 제시된 점 등에 비추어 보면, 원고 제출의 모든 증거들을 종합하여 보더라도 원고에게 혼합형 불안 및 우울장애가 발병되었음을 인정하기에 부족하고, 달리 이를 인정할 증거가 없다.

따라서 이 사건 처분 중 혼합형 불안 및 우울장애에 대한 부분은 적법하다.

4. 결론

그렇다면, 원고의 이 사건 청구는 위 인정 범위 내에서 이유 있으므로 인용하고, 나머지 청구는 이유 없어 기각하기로 하여, 주문과 같이 판결한다.

Q&A 100

정신질병 산재 승인 이후, 정신질환 치료는 어떻게 이루어지는지?

1. 치료병원

정신질병에 대한 산재승인 이후부터는, 반드시 〈근로복지공단 정신질병 산재지정병원〉으로 전원(轉院)하여 치료하여야 합니다.

2. 치료기간

산재보험 의료기관(주치의)은 대개 〈3개월 단위〉로 '진료계획서'를 공단에 제출하여 공단 승인하는 방식으로 치료기간 연장합니다.

3. 승인 이후 치료형태

구분	휴업치료 (입원치료 또는 통원치료)	취업치료 (통원치료)
근무여부	휴직	출근
급여	공단지급(평균임금 70%)	회사지급(단, 병원치료일 유급처리)
치료기간 및 형태 결정	◦ 산재보험 의료기관(주치의)은 3개월 단위로 '진료계획서'를 공단에 제출하여 공단 승인하는 방식으로 치료기간 연장 ◦ 정신질병의 경우, 일반적으로 승인 후, 1년~2년간 주치의 소견 및 피재자 의사 등을 감안하여, 〈휴업치료〉 또는 〈취업치료〉 진행되며, 치료 종결 후 재발시 재요양 신청을 할 수도 있습니다.	

관련 각종 서식

서식 01. 직장괴롭힘 신고서
서식 02. 직장괴롭힘 상담일지
서식 03. 출석통지서
서식 04. 비밀유지 서약서(피신고인, 참고인용)
서식 05. 비밀유지 서약서(조사위원용)
서식 06. 자유진술서
서식 07. 질의답변 진술서(신고인, 피신고인, 참고인용)
서식 08. 피신고인에 대한 질문 답변서(예시)
서식 09. 직장괴롭힘 사건 조사결과 보고서(1)
서식 10. 직장괴롭힘 사건 조사결과 보고서(2)
서식 11. 직장괴롭힘 심의위원회 참석 안내
서식 12. 비밀유지 서약서(심의위원용)
서식 13. 심의의결서
서식 14. 조사결과 및 직장괴롭힘 심의결과 통보서
서식 15. 재발방지 각서
서식 16. 사과문
서식 17. 합의서
서식 18. 산업재해보상보험 요양급여신청서
서식 19. 산업재해보상보험 요양급여신청 소견서

신고에서 처리까지
직장괴롭힘 100문 100답

부록

직장괴롭힘 관련 각종 서식

[서식 01]

직장괴롭힘 신고서

1. 신고인이 당사자인 경우

이름	
소속	
연락처	
주소	

2. 신고인이 제3자인 경우

피해자	이름			
	소속			
	연락처		이메일	
	주소			
신고인	관계			
	연락처			
	피해자 접수 동의여부	신고접수에 대해 당사자의 동의를 구하였습니까?		

3. 피신고인

이름			
소속			
연락처		이메일	
주소		신고인과의 관계	

4. 피해내용

5. 피신고인에 대한 희망조처사항

202 . . .

신고인 서명

[서식 02]

직장괴롭힘 상담일지

접수번호	담당자	작성일자 년 월 일

상담개요	상담일시 년 월 일 시 분 ~ 시 분	상담장소	
	상담방법 1. 대면 [ ] 2. 유선 [ ] 3. 온라인(e-mail, 사이버신고센터 등) [ ] 4. 기타 ( )		
피상담자 (상담신청인)	성명	소속	직급
	성별 남[ ], 여[ ]	연락처	E-mail
상담신청 요지	※ 상담을 신청한 이유, 요구사항 등을 6하원칙에 의해 기재		
상담내용			
처리결과	상담 종결	종결사유	종결일자 년 월 일
	사건 접수	조치결과	회신일자 년 월 일

210mm×297mm[백상지 80g/㎡]

[서식 03]

출 석 통 지 서

문서번호 : ※ 문서 발송 번호 기재

수신대상 : ※ 피신고인의 성명, 소속, 주소 등 기재

사건 접수번호		
신고인	성명	소속
피신고인	성명	소속
신고 사유		
의견진술을 요하는 사항		
근거		

1. 본 조사위원회는 위 사건의 신고를 접수하여 사건을 조사하고자 합니다.
2. 사건의 공정한 조사를 위하여 귀하의 진술을 듣고자 하오니 출석하여 주시기 바랍니다.
   가. 출석일시 : 년 월 일 시
   나. 출석장소 :
3. 지정된 일시 및 장소에 출석할 수 없는 사유가 있을 경우에는 필히 사전 고지를 한 후, 가능한 일시 및 장소로 변경하여야 합니다.
4. 정당한 이유나 절차 없이 3회 이상 출석을 거부할 경우 피신고인의 진술 및 자기 방어권을 포기하는 것으로 간주합니다.

○○○○○ 직장괴롭힘 조사위원회 위원장 (서명 또는 인)

[서식 04]

비밀유지 서약서(피신고인, 참고인용)

성 명	
소 속	
생년월일	

본인은 피신고인으로서 아래의 사항을 지킬 것을 서약합니다.

1. 조사위원회 조사 절차에 성실히 협조
2. 사건 내용 및 신고인 신상 정보에 관한 비밀유지
3. 조사 기간 중 신고인 및 증인에 대한 사적 접촉 금지
4. 신고인 및 주변인에 대한 보복 행위 금지

※ 조사 과정은 사실 확인을 위한 절차입니다. 피신고인은 조사위원회의 조사절차를 통해 가해 사실이 확인되기 전까지는 피신고인의 신분을 유지하며 해당인의 인적 사항 및 사건에 대한 비밀이 보장됩니다.

년 월 일

피신고인 (서명 또는 인)

참고사항

▣ 피신고인은 조사 과정에서 다음과 같은 권리를 갖습니다.

1. 출석하여 진술할 수 있습니다.
2. 진술서, 소견서 등 관련 자료를 제출할 수 있습니다.
3. 법적 조력 등을 위해 대리인과 동반출석하거나 서면제출로 대체할 수 있습니다.
4. 조사 절차에 대한 정보를 제공받을 수 있습니다.

210mm×297mm[백상지 80g/㎡]

[서식 05]

비밀유지 서약서(조사위원용)

성 명		
소 속		
연락처	휴대전화	E-mail

본인은 ○○○○○ 직장괴롭힘 조사위원회 위원으로서 20 년 월 일에 신고 된 직장괴롭힘 피해 신고 건에 대하여 「○○○○○ 직장괴롭힘 처리지침」 제○○조에 따라 사건 당사자의 신상을 포함하여 사건과 관련된 일체의 정보에 대하여 비밀을 유지할 것을 서약합니다.

년 월 일

조사위원 (서명 또는 인)

[서식 06]

자 유 진 술 서

성명(한글)	성명(한자)	생년월일 년 월 일 ( )세	
소속	직급	주소	
자택전화	사무실 전화	휴대전화	전자우편(e-mail)

본인은 ○○○○○ 직장괴롭힘 조사위원회에 출석하여 사건에 관해 아래와 같이 서면 진술합니다.

년 월 일

성명 (서명 또는 인)

[사건 개요]

210㎜×297㎜[백상지 80g/㎡]

[서식 07]

질의답변 진술서(신고인, 피신고인, 참고인용)

일시 :

장소 :

문) 이름과 소속은?

문) 2023. 2. 에서 한 사실이 있습니까?

문) 그 때 신고인에게 ㅇㅇㅇㅇ한 발언을 한 사실이 있습니까?

문) 당시 그러한 발언을 한 이유는 무엇입니까?

문) 평소에서 그러한 말을 자주 사용 하였습니까?

문) 그러한 발언으로 인해 상대방은 어떻게 받아드릴 것이라고 생각하였나요?

202 . . .

신고인(피신고인, 참고인) 서명

[서식 08]

피신고인에 대한 질문 답변서(예시)

일시 년 월 일 시	장소

1. 이름과 소속이 어떻게 되나요?

< 답 >

2. 피신고인은 20 년 월 일 시 (장소) 회식에 참가한 사실이 있나요?

< 답 >

3. 피신고인은 이 회식자리에서 신고인에게 (자세한 사건 내용) 행위를 한 사실이 있습니까?

< 답 >

4. 회식자리의 분위기는 어떠했습니까?

< 답 >

5. 이 사건에 대하여 추가로 하고 싶은 말이 있나요?

< 답 >

본인은 질문에 대하여 양심에 따라 숨김과 보탬이 없이 사실 그대로 답변하였으며,

본인의 진술이 사실과 다를 경우 그에 따른 모든 법적인 책임을 질 것을 서약합니다.

년 월 일

피신고인 (서명 또는 인)

확인자(조사위원) (서명 또는 인)

210mm×297mm[백상지 80g/㎡]

[서식 09]

직장괴롭힘 사건 조사결과 보고서(1)

1. 조사개요(당사자 관계등)

2. 신고인 주장 및 요구사항

3. 피신고인 주장

4. 대립되는 주장에 대한 참고인 조사내용

5. 법적 검토

6. 직장괴롭힘 해당여부

7. 조사위원회의 판단과 처리의견(제도개선 방안 포함)

8. 기타

첨부자료(각 종 입증자료)

위 조사보고서 내용이 사실임을 동의합니다

202 . . .

조사위원 ○ ○ ○ 서명 조사위원 ○ ○ ○ 서명

조사위원 ○ ○ ○ 서명 조사위원 ○ ○ ○ 서명

[서식 10]

직장괴롭힘 사건 조사결과 보고서(2)

1. 기본 정보
 - 신고 접수일자 및 담당 고충상담원
 - 신고인 및 피신고인 인적 사항
 - 담당 조사위원 명단

2. 사건 및 조사 개요
 - 사건 현황
 - 조사 절차
 - 사건 당사자 및 참고인 면담
 - 검토 자료 목록

3. 조사위원회의 판단과 처리 의견
 - 사실관계에 대한 판단 및 근거
 - 결론 및 처리 의견

4. 조사위원회 의결안 집행계획

5. 기타 참고사항

위와 같이 조사결과 보고서를 제출합니다.

년 월 일

조사위원장 (서명 또는 인)

조사위원 (서명 또는 인)

조사위원 (서명 또는 인)

조사위원 (서명 또는 인)

조사위원 (서명 또는 인)

[서식 11]

직장괴롭힘 심의위원회 참석 안내

○○○ 위원 귀하

○○○○○ 직장괴롭힘 고충심의위원회는 「○○○○○ 직장괴롭힘 처리지침」 제00조에 의거하여 제00회 직장괴롭힘 고충심의위원회를 아래와 같이 개최하고자 하오니 참석하여 주시기 바랍니다.

1. 일시 : 년 월 일 시

2. 장소 :

3. 안건 :

4. 사안 개요 (발생 일시, 장소, 내용 등)

년 월 일

○○○○○ 직장괴롭힘 고충심의위원회 위원장 (서명 또는 인)

[서식 12]

비 밀 유 지 서 약 서(심의위원용)

성 명		
소 속		
연락처	휴대전화	E-mail

본인은 ○○○○○ 직장괴롭힘 고충심의위원회 위원으로서 20 년 월 일에 신고 된 직장괴롭힘 피해 신고 건에 대하여 「○○○○○ 직장괴롭힘처리 지침」 제○○조에 따라 사건 당사자의 신상을 포함하여 사건과 관련된 일체의 정보에 대하여 비밀을 유지할 것을 서약합니다.

년 월 일

심의위원 (서명 또는 인)

[서식 13]

심 의 의 결 서

1. 안 건 명 :

2. 심의결과

결정 사항	결정 내용	비고
직장괴롭힘 여부에 대한 판단		
행위자에 대한 조치 권고		
피해자 보호조치 권고		

※ 2차 피해 예방 및 재발방지대책 제언 :[별지]에 기재

위와 같이 의결합니다.

년 월 일

위원장 (서명 또는 인)

위원 (서명 또는 인)

위원 (서명 또는 인)

위원 (서명 또는 인)

[서식 14]

조사결과 및 직장괴롭힘 심의결과 통보서

1. 사안 개요

(1) 당사자 ※ 직위, 직급, 연령, 성별 등 개인정보보호를 위해 익명 처리 및 선택적 기재

- 피해자 :

- 행위자 :

(2) 사건 현황 (발생 일시, 장소, 발생 경위 등)

2. 조사 결과

- 조사 내용 중 주요 사항 및 조사 경과(일정)를 간략히 서술

3. 직장괴롭힘 고충심의위원회 심의 결과

(1) 직장괴롭힘 여부에 대한 판단

(2) 행위자 조치사항 권고 내용

(3) 피해자 보호조치 권고 내용

(4) 2차 피해 예방 및 재발 방지대책 내용

년 월 일

○○○○○ 기관장 (서명 또는 인)

[서식 15]

재 발 방 지 각 서

성 명 :

소 속 :

연 락 처 :

본 각서는 년 월 일 '직장괴롭힘 신고센터' 에 접수된 직장괴롭힘 사건의 처리에 대해 피신고인이 재발방지를 위해 서약한 내용입니다.

본인은 년 월 일 에서 신고인 에 대한 직장괴롭힘 행위사실 (유형 :)을 인정합니다. 이후 유사한 직장괴롭힘 행위 및 신고인(피해자)에 대한 어떠한 2차 피해를 야기하지 않을 것을 서약합니다. 뿐만 아니라 유사한 직장괴롭힘 행위의 재발 방지를 위해서 최선을 다하겠습니다.

또한 「○○○○○ 직장괴롭힘 처리지침」 제○○조(비밀유지 의무 등)에 의거하여 신고인(피해자)의 의사에 반하여 해당사건과 관련된 어떠한 자료나 정보도 공개하지 않을 것을 서약합니다. 이 서약을 이행하지 않을 경우 민·형사상 책임은 물론 어떠한 처벌이라도 받을 것을 약속합니다.

년 월 일

피신고인 (서명 또는 인)

[서식 16]

사 과 문

1. 사과 대상

2. 본인의 행한 구체적인 언행의 내용, 행위가 발생한 날짜 등을 명기하고, 이로 인해 상대방에게 끼친 정신적, 신체적, 경제적 피해에 대한 진심어린 사과내용

3. 문제의 심각성을 인지하고 자기성찰(반성)하는 내용

4. 추후 재발되지 않도록 다짐하고 노력하려는 내용

소 속

직 급

성 명 (서명 또는 인)

[서식 17]

합 의 서

신 고 인 :

피신고인 :

상 담 원 :

본 합의서는 신고인의 요청에 의한 조정 및 중재를 통해 직장괴롭힘 사건의 처리에 대한 당사자 간의 합의에 관한 사안입니다.

합의내용 ① 피신고인이 작성한 각서의 이행

② 신고인에 대한 개인적 연락 및 접촉 금지

③

④

피신고인 ○○○은(는) 이 사건의 처리에 관한 위의 합의 내용에 동의합니다. 본인의 행위를 인정하고 이를 반성하며, 이후 사건의 재발방지 및 비밀유지를 서약합니다. 이 합의가 이행되지 않을 경우 민형사상 책임은 물론 어떠한 처벌이라도 달게 받을 것을 서약합니다.

신고인 □□□는 이 사건의 처리에 관한 위의 합의 내용으로 사건을 종결하는 것에 동의합니다. 이 합의가 이행된다면 사건의 비밀유지 및 추후 본 사건에 대한 다른 방법으로의 문제제기를 하지 않을 것을 서약합니다.

신고인 (서명 또는 인)

피신고인 (서명 또는 인)

확인자 (서명 또는 인)

[서식 18]

산업재해보상보험 요양급여신청서

※ **굵은 선 안은 필수 기재사항이므로 반드시 기재**해 주시기 바랍니다.

접수일자		접수번호		처리기간	7일

재해자			
성 명(외국인은 외국인등록증상 영문명 대문자)		**주민등록번호**(외국인등록번호) □□□□□□-□□□□□□□	
주 소		휴대전화: 전화번호:	
재해발생 일 시	□□□□년 □□월 □□일 □□시 □□분	**채용일자:** 년 월 일	
출근시간:	**퇴근시간:**	**직 종:**	
보험가입자(사업주)와의 관계	사업주여부	[ ] 해당없음 [ ] 실제사업주(동업자포함) [ ] 하수급사업주	
	친인척여부	[ ] 해당 없음 [ ] 배우자 [ ] 부모 [ ] 자녀 [ ] 형제자매 [ ] 기타 친인척( )	

사업장 및 재해 관련 내용

신청 구분: [ ] 업무상 사고 [ ] 업무상 질병(진폐 · CS2 포함) [ ] 출퇴근 재해

사업장명		사업주명		연락처(☎)	
사업장관리번호	□□□-□□-□□□□□-□ (사업개시번호:)				
사업장 주소					

재해 발생 경위(별지사용 가능)

※ 작성방식: 어디에서(구체적 장소), 무엇을 하기 위해(작업내용, 목적), 무엇을 사용하여(작업도구, 취급물질), 어떻게 하다가(경위, 동작, 움직임), 어떤 이유 때문에 어떻게 재해를 당하였는지 작성하여 주시기 바랍니다.

① 위 재해와 관련하여 교통사고, 음주, 폭행 등의 사유로 경찰서에 신고(접수)된 사실이 있습니까?	[ ]예	[ ]아니오
② 위 재해와 관련하여 119 또는 소방서에 구조구급 · 재난 신고(접수)된 사실이 있습니까?	[ ]예	[ ]아니오
③ 위 재해와 관련하여 자동차 보험사에 사고를 신고한 사실이 있습니까?	[ ]예	[ ]아니오

목격자가 있는 경우: 성명( ), 연락처( ), 재해자와의 관계( )

재해 발생 후 현재 요양 중인 의료기관 전에 진료(치료) 받은 의료기관

의료기관명: 소재지:

의료기관명: 소재지:

※ 첨부서류: : 산업재해보상보험 요양급여신청 소견서(별지 제3호 서식)

위와 같이 업무상재해 인정 및 요양급여를 신청합니다.

년 월 일

신청인 (서명 또는 인)

대 리 인 (서명 또는 인)

[서식 19-앞면]

산업재해보상보험 요양급여신청 소견서

(앞 면)

① 성명(외국인은 영문명)	② 주민등록번호(외국인등록번호)	③ 재해일자
	□□□□□□-□□□□□□□	□□□□년□□월□□일

④ 재해 후 최초 진료개시	년 월 일 (:) [ ]본원 [ ]타 의료기관( )
⑤ 본원에 최초 도착일시	년 월 일 (:)
⑥ 내원방법	[ ]도보 [ ]구급차 [ ]구급차외 차량 [ ]기타( )
⑦ 재해자가 의료기관에 진술한 재해경위	
⑧ 재해로 인한 최초 증상 (환자가 진술하는 대로)	년 월 일 (:) 최초 발생 / ⑨ 재해 당시 의식소실([ ]유 [ ]무)
	증상의 내용
⑩ 현재 환자가 호소하는 증상 (환자의 표현대로)	
⑪ 상병상태에 대한 종합소견 (주요 이학적·도수 검사 등) ※ 상세 소견은 별지 사용 가능	

⑫ 주요검사

[ ]X-Ray [ ]CT [ ]MRI [ ]MRA [ ]심장혈관조영술 [ ]Bone scan [ ]PET

[ ]초음파 [ ]내시경 [ ]관절경 [ ]근(신경)전도 [ ]폐기능 [ ]조직 [ ]적외선체열

[ ]정신상태 [ ]심리학적 [ ]기타·특이사항( )

※ 주요소견 기재 또는 결과지 첨부

⑬ 기존(기초)질환

고혈압([ ]유[ ]무) **혈압약**([ ]미복용[ ]부정기복용[ ]정기복용) **고지혈증**([ ]유[ ]무) **상병관련 가족력**([ ]유[ ]무)

당뇨([ ]유[ ]무) **당뇨치료**([ ]미복용[ ]약물복용 [ ]인슐린) **결핵**([ ]유[ ]무) **간염**([ ]유[ ]무)

[ ]기타·특이사항( )

재해 전 본원에서 유사상병으로 치료를 받은 사실 여부	[ ]유 [ ]무
기타·특이사항(일시 · 시술명 · 부위 · 의료기관)	

⑭ 상병명과 상병코드

상해코드	주/부/파생	상병코드(KCD기준)	세부상병명(확정진단 병명)

(210mm×297mm, 일반용지 60g/㎡)

[서식 19-뒷면]

(뒷 면)

⑮ 입원	예상기간	년 월 일 ~ 년 월 일 (주)
	사 유	[ ]수술 [ ]의식장애 [ ]외 · 기기고정 [ ]석고붕대고정 [ ]절대안정 [ ]안정 및 보호 [ ]이동불가 [ ]기타
⑯ 통원	예상기간	년 월 일 ~ 년 월 일 (주)
	사 유	
	취업치료 여부(근무 병행치료)	※ 취업치료(근무 병행치료)는 치료받으면서 근무가 가능한 상태를 말함(의학적 판단) [ ] 취업치료가능 [ ] 취업치료 불가능 : 향후 ( )개월 후 가능성 재판단

⑰ 수술	수술여부	[ ]없음 [ ]있음	수술명	
	수술(예정)일	년 월 일	수술의료기관	[ ]본원 [ ]타원( )

⑱ 계속 동반 치료가 필요한 기존질환명	
⑲ 집중재활치료의 필요 구분	(※**재활인증의료기관에서 제공하는 전문재활치료**로서 발병일 또는 수술일로부터 ㉮6개월 이내의 뇌혈관, ㉯3개월 이내의 척추 · 견관절 · 주관절 · 완관절 · 수부 · 고관절 · 슬관절 · 족관절 · 족부질환자, ㉰해당기간 도과했으나 재활치료 효과가 기대되는 사람에게 제공, 단, 염좌, 타박상 등 경미한 상병은 제외) [ ]일정기간 집중재활치료 곤란 [ ]3개월 이내 치유 또는 13급 이하의 장해 예상 [ ]집중재활치료 필요(또는 예정) [ ]집중재활치료 질환자 아님 [ ]상태 악화 또는 수술 예정 [ ]집중재활치료 불필요( )

협진, 병행진료가 필요한 진료과목		**심리상담 필요** (개인별 심리상담 지원)	[ ]필요

의료 기관 변경	변경할 의료기관명: 소재지: 의료기관 변경사유: ※의료기관 변경이란 생활근거지 또는 전문적 치료 등을 위해 현재 요양 중인 의료기관에서 다른 의료기관으로 변경하는 것을 말합니다.	
	의료기관 변경(예정)일자	년 월 일

<첨부서류>	1. 신청 상병을 확인할 수 있는 각종 검사자료 및 결과지 각1부. 2. 절단, 화상, 좌멸창, 욕창은 환부 칼라사진 3. 정신질환의 경우 진단의 근거를 의학적으로 입증할 수 있는 응급진료 또는 초진기록지 등 의무기록 및 각종 검사 결과지 각1부.(뇌영상 검사, 뇌파 검사, 심전도 검사, 정신상태 검사, 심리학적 검사, 갑상선 기능검사 등)

위에 기재한 내용이 사실임을 확인합니다.

년 월 일

의료기관 주소:

전화번호:

팩스번호:

의료기관명: (서명 또는 인)

■ **산재관리의사 여부: [ ]산재관리의사 [ ]해당없음**

의사면허번호: 호

전문과목: (전문의: 호)

성 명: (서명 또는 인)

근로복지공단 지역본부(지사)장 귀하

자문의사 소견

년 월 일 자문의사명 (서명 또는 인)

(210mm×297mm, 일반용지 60g/㎡)

저자소개

이 원 희

- 현) 노무법인 가교(02-2253-6033) 대표 노무사
- 부산대학교 경제학과 졸업
- 고려대학교 노동대학원 노동법학과
- 제25회 행정고시 합격
- 제6회 공인노무사 합격
- 현) 국민권익위원회 노동상담위원
- 주요 저서 : 〈3일 노동법〉
- 이메일 : whlee315@hanmail.net

고 우 리

- 현) 노무법인 가교(02-2253-6033) 파트너 노무사
- 카톨릭대학교 사회과학부 졸업
- 직업재활학교 교사
- 4대보험관리사, 직업재활상담사
- 제20회 공인노무사 합격
- 공저 : 〈올 댓 인사노무〉
- 이메일 : gowoori55@gmail.com

이 듀 리

- 현) 노무법인 가교(02-2253-6033) 파트너 노무사
- 고려대학교 보건행정학과/미디어학부 졸업
- 고려대학교 노동대학원 인력관리학과
- 전) 순천향대학교 서울병원 미래전략실
- 전) JTBC PLUS 근무
- 전) 에스제이 노무법인 근무
- 이메일 : deunomusa@gmail.com